ASTROLOGIE
ET
RELATIONS HUMAINES

Du même auteur

Parus aux Éditions de Mortagne

Dans la collection « L'Air du Verseau »

- *La Voie de la Lumière.*
- *Le Tarot de l'Individualisation – Trente clés pour l'éveil spirituel.*
- *Chercheur de Lumière – La science initiatique de la connexion à l'Âme.*
- *La Voie de l'Amour – Évolution en couple et dévotion.*
- *Chercheur d'Éternité – La science initiatique du baptême.*
- *L'Animal Intérieur – Dictionnaire spirituel de la nature animale.*
- *L'Expérience du Christ – Comment Le rencontrer dans le monde éthérique.*
- *Initiés et Mystères – Révélations sur l'impulsion christique.*
- *Le Sentier du Graal ou le retour de Perceval.*

Dans la même collection

- Marie-Pascale RÉMY : *Enfance et Spiritualité.*

À paraître dans la même collection

- *L'Impulsion Sophianique ou les Mystères de l'Éternel Féminin.*
- *Istoria – La réincarnation et le karma du point de vue occidental.*
- *Les Mystères de Jean – pour tous les gens.*
- *Le Sentier de la Liberté – La quête de la Vérité.*

- Marie-Pascale RÉMY : *La Femme Ressuscitée.*

Parus aux Éditions De Vecchi

- *Transformer votre vie par l'Astrologie (ou Pratique de la Nouvelle Astrologie).*
- *L'Astrologie Holistique.*
- *L'Astrologie Relationnelle (épuisé).*
- *Réussir vos prévisions annuelles par l'Astrologie (ou Votre Cycle Solaire).*
- *Astrologie Initiatique et Karmique.*
- *Pratique de l'Astrologie Holistique (ou Astro-thérapie).*
- *La Numérologie Holistique.*
- *Le Verseau (épuisé).*
- *Les Poissons (épuisé).*

Pierre Lassalle

En collaboration avec Brigitte Maffray

ASTROLOGIE ET RELATIONS HUMAINES

Collection « Écriture Céleste »

 Éditions de Mortagne

Données de catalogage avant publication (Canada)

Lassalle, Pierre
  Astrologie et relations humaines

  (Écriture céleste)
  Comprend des réf. bibliogr. et un index.

  ISBN 2-89074-891-X

  1. Astrologie. 2. Relations humaines. 3. Astrologie et psychologie.
I. Titre. II. Collection.

BF1708.2.L38 1999   133.5   C99-940213-7

Édition
Les Éditions de Mortagne
C.P. 116
Boucherville (Québec)
J4B 5E6

Distribution
Tél.: (450) 641-2387
Télec.: (450) 655-6092

Tous droits réservés
Les Éditions de Mortagne
© Copyright 1999

Dépôt légal
Bibliothèque nationale du Canada
Bibliothèque nationale du Québec
Bibliothèque Nationale de France
1er trimestre 1999

ISBN : 2-89074-891-X

1 2 3 4 5 – 99 – 03 02 01 00 99

Remerciements

À Joëlle Richardière, pour son tableau L'Amour spirituel, dont vous pouvez admirer la reproduction en couverture de cet ouvrage.

Le cœur ailé de l'espérance est créé par un couple qui a uni ses forces créatrices et spirituelles pour atteindre ensemble un haut idéal : celui d'un amour spirituel.

À Marc Le Vacon qui nous a suggéré d'excellentes recommandations pour l'amélioration de la précédente version de cet ouvrage.

À Brigitte Maffray pour son excellent travail de réécriture, d'amélioration et de correction de cet ouvrage. L'interprétation des cartes du ciel a également été réalisée en collaboration avec elle. C'est à Brigitte que j'ai confié, il y a déjà quelques années, la transmission de l'enseignement de l'Astrologie Holistique qui se trouve ainsi en des mains inspirées.

SOMMAIRE

Chapitre 1
Histoire d'amour ....

    Histoire de l'amour au cours des âges : l'amour à l'origine; la « chute » et l'amour égoïste et sexuel luciférien; l'amour procréateur gabriélique et les liens du sang; l'amour créateur christique. Méditation de la colombe. Égoïsme et égocentrisme. L'amour dans le futur.

Chapitre 2
Le phénomène « miroir » ....

    Le phénomène « miroir » : la relation à notre époque; la plénitude du cœur; quelques règles du «miroir». « Miroir » et astrologie : fais-moi un signe d'amour : la Balance; la maison VII; l'aspect d'opposition.

    Exemple de cartes du ciel : Leonardo DiCaprio et Kate Winslet, les amoureux du *Titanic*, couple symbolique et mythique de la Balance. Étude de leurs thèmes natals et synastrie.

Chapitre 3
Les aptitudes relationnelles (1)
Bases ....

    Les symboles astrologiques et la relation. Les polarités planétaires. L'aptitude aux relations. Les éléments. La leçon de la planète Vénus. La Lune noire ou blessure affective. L'astre éclaireur. Les astéroïdes relationnels (Junon, Sappho, Éros, Amor et Psyché).

Chapitre 4
Les aptitudes relationnelles (2)
Interprétations ....

    Maisons, planètes et relations. Interprétation de la maison VII en signes. Les planètes en maison VII. Position du maître de votre maison VII. Vos planètes dans les maisons V-VIII-XI. Thèmes de rencontres et de mariages.

Avertissement

L'auteur tient à préciser au lecteur que cet ouvrage est partiellement la réédition d'un livre qu'il a écrit il y a une dizaine d'années et qui est paru sous le titre *L'Astrologie Relationnelle* (Éditions De Vecchi). Par rapport à l'édition originale, l'auteur a ajouté les deux premiers chapitres. Il a introduit également quelques indications pour l'interprétation des astéroïdes présentant un certain intérêt pour le relationnel.

De nouvelles cartes du ciel sont présentées. Enfin, le texte de la précédente version a été revu et augmenté.

Le but premier de l'ouvrage a été conservé : proposer un livre pratique autant pour l'astrologue amateur que professionnel, afin d'étudier en profondeur la Synastrie et le thème composite.

Il demeure ainsi le livre le plus complet et le plus pratique sur le sujet en langue française.

INTRODUCTION

Cet ouvrage fait partie d'un enseignement complet d'astrologie intitulé L'Astrologie Holistique que j'ai créé depuis le début des années 80.

L'Astrologie Holistique fait elle-même partie d'un ensemble plus vaste comprenant également la Biosophie (sagesse de la vie : étude des cycles de la vie humaine et des septaines – périodes de vie de sept ans) et l'Astrosophie (étude de l'entre-deux vies : les sphères de conscience du monde spirituel et ce qu'on y vit après la mort).

J'ai donné à cet enseignement le nom d'Astrologie Christique.

Le but de cet enseignement est d'aider l'être humain à répondre aux questions existentielles qu'il se pose : « Qui suis-je ? » – « D'où viens-je ? » – « Qu'ai-je à faire sur cette Terre ? »

La recherche en Astrologie Christique est orientée vers la partie spirituelle de l'être humain : son « Je », son essence immortelle de lumière.

Je ne vois aucun intérêt à étudier la vie des désirs égoïstes et leur satisfaction éventuelle à l'aide de l'astrologie.

C'est trahir l'astrologie de se contenter de prédire le destin matériel de l'individu. C'est l'attacher davantage à son corps physique. Il y a là une grave responsabilité karmique pour l'astrologue qui agit ainsi.

La quête de l'astrologue christique est spirituelle. En tant que tel, un astrologue christique est forcément un aspirant engagé dans un cheminement spirituel, c'est-à-dire un méditant.

Qu'est-ce qu'un thème natal ?

La carte du ciel est établie pour l'instant de notre premier souffle autonome.

Si notre carte du ciel existe avant même qu'on ait pu agir sur Terre, c'est parce qu'elle représente notre destinée.

La destinée est l'association de la nécessité (karmique) et de la liberté, et elle s'élabore dans le monde spirituel avant notre incarnation.

Pendant l'entre-deux vies, notre destinée est préparée par de hautes entités spirituelles.

Elle découle des engagements que nous avons pris vis-à-vis de nous-mêmes après la mort. Aucune épreuve ne nous arrive sans que nous l'ayons choisie pendant l'entre-deux vies.

Le hasard n'existe pas. Il n'est qu'un mot masquant notre ignorance.

De même les statistiques et autres calculs de probabilités, sous-entendant le hasard, sont des méthodes illusoires et n'ont rien à voir avec la véritable astrologie.

Le domaine d'étude de l'astrologie est celui de l'individualité et non celui du collectif.

Chaque individu dispose d'une destinée particulière, placée sous la responsabilité de son Ange gardien. Car c'est ce dernier qui fait en sorte que nous soyons bien confrontés à notre karma et non à celui de notre voisin !

Imaginez, si le hasard existait, nous pourrions vivre le karma de n'importe qui : ce serait totalement injuste !

La carte du ciel natale représente donc notre destinée ou le plan de travail de notre Ange gardien.

On peut y lire notre karma négatif (la nécessité) mais aussi notre potentiel de bien (créativité, transformation, évolution spirituelle).

Mais il n'existe aucun déterminisme absolu. Non seulement les épreuves vécues découlent de nos engagements mais nous avons, de plus, la liberté de les vivre comme bon nous semble.

Rappelez-vous qu'Uranus est la planète symbolisant l'astrologie mais elle représente également la liberté et l'énergie christique (Dieu le Fils).

La carte du ciel témoigne de notre nature spirituelle et du travail qui a été élaboré avec les entités du monde spirituel.

Ainsi, à travers la carte du ciel, l'astrologue christique répond aux questions existentielles :

— *Qui suis-je ?* Je suis un être spirituel, un être doté d'un « Je » individuel et immortel à l'image et à la ressemblance de la Trinité.

— *D'où est-ce que je viens ?* Je viens du monde spirituel. J'y retourne chaque nuit et y retournerai après la mort.

— *Qu'ai-je à accomplir sur cette Terre ?* Je dois y acquérir la conscience de soi en cultivant l'amour et la liberté au sein de l'humanité.

L'Astrologie Christique a pour mission de rappeler à l'être humain son origine divine, mais aussi que le Christ, Dieu le Fils, a fait descendre – il y a deux mille ans – le Cosmos dans l'être humain.

*Ô être humain, tu portes le Cosmos en toi. Cultive
la flamme éternelle de ton cœur, grâce à la lumière
de ta pensée, afin que le Christ puisse vivre en toi.
Alors tu retrouveras l'écriture céleste qui révèle les
Mystères des pensées universelles des dieux.*

Qu'est-ce que l'astrologie relationnelle ?

Au lieu de n'étudier qu'une seule carte du ciel, en astrologie relationnelle vous aurez à en étudier au moins deux à la fois.

Le but de l'étude sera la Synastrie ou comparaison de deux thèmes pour déterminer les superpositions des planètes et autres éléments importants du thème.

L'astrologie relationnelle présentée dans cet ouvrage détermine les possibilités d'entente entre deux individus impliqués dans une relation aux différents niveaux : physique, sentimental, intellectuel et spirituel (ou karmique).

Cet enseignement pratique de l'astrologie relationnelle propose trois grandes parties :

1. *Les prédispositions relationnelles,* où vous apprendrez à évaluer vos aptitudes relationnelles d'après l'étude de votre carte du ciel ou de celle d'un tiers.

2. *La Synastrie,* qui est la comparaison de deux cartes du ciel pour définir le degré d'entente sur les différents plans de l'être (dans les diverses sortes de relations possibles : amoureuse, familiale, amicale, professionnelle ou spirituelle). La Synastrie révèle comment réagit chaque personne dans sa rencontre avec l'autre.

3. *Le thème composite,* qui est l'étude de la relation existant entre deux individus (par la création d'une troisième carte du ciel résultant du « mélange » de celles des deux individus en question) selon une technique encore peu connue de manière pratique dans les pays francophones.

En suivant les étapes de cet ouvrage, vous serez capable de comprendre les points forts et les points faibles de n'importe quelle relation humaine. Vous comprendrez alors qu'aucune relation importante n'est jamais le fruit du hasard et qu'elle « parle » toujours d'un lointain passé, de votre évolution actuelle et de votre devenir.

Il y a deux mille ans, le Christ a dit :

Aime ton prochain comme toi-même.

En transcendant notre égoïsme et en offrant l'amour de notre cœur à « notre prochain », nous faisons un pas vers Lui.

C'est le message profond de ce livre.

LES SIGNES DU ZODIAQUE ET LEURS MAÎTRES		
Signes	**1er maître**	**2ème maître**
Bélier	Mars	
Taureau	Vénus	
Gémeaux	Mercure	
Cancer	Lune	
Lion	Soleil	
Vierge	Mercure	
Balance	Vénus	
Scorpion	Pluton	Mars
Sagittaire	Jupiter	
Capricorne	Saturne	
Verseau	Uranus	Saturne
Poissons	Neptune	Jupiter

SYMBOLES ET MOTS CLÉS

Soleil ☉
« Je », individualité, conscience, cœur spirituel, part masculine, créativité, chaleur, générosité, spiritualité, libre arbitre.

Lune ☽
Personnalité, part féminine, mère, famille, fécondation, sensibilité, émotions, rêve, perception, imagination, réceptivité.

Mercure ☿
Pensée, communication, idées, intellect, expression orale ou écrite, raison, compréhension, curiosité.

Vénus ♀
Sentiment, amour, relation, harmonie, désir féminin, sensualité, beauté, arts, équilibre, affection, charme.

Mars ♂
Action, volonté, force, initiative, désir masculin, motivation, but, décision, impulsion, courage, agressivité.

Jupiter ♃
Expansion, protection, guidance, sagesse, épanouissement, enthousiasme, abondance, optimisme, excès, légalité, sociabilité, influence.

Saturne ♄
Leçon karmique, responsabilité, patience, endurance, maturité, sécurité, solidité, durabilité, devoir, concrétisation, concentration, manifestation.

Uranus ♅
Liberté, fraternité, indépendance, originalité, changement, ouverture, éveil, nouveauté, imprévu, prise de conscience, niveau de conscience de l'inspiration[1], aspect « Fils » ou « Verbe » de la Trinité.

Neptune ♆
Romantisme, idéalisation, fascination, illusion, image, compassion, amour spirituel, sacrifice, ressenti spirituel, niveau de conscience de l'imagination[2], aspect « Saint-Esprit » de la Trinité.

---

1. Pour plus d'information sur les niveaux de conscience atteints par l'évolution spirituelle, consulter l'ouvrage du même auteur aux Éditions de Mortagne, *Le sentier du Graal,* chapitre 7.
2. *id.*

Pluton ♇

Mutation, détachement, mort, renaissance, destruction, dramatisation, passion, manipulation, pouvoir, puissance spirituelle, transformation, niveau de conscience de l'Intuition, aspect « Père » de la Trinité.

Chiron ⚷

Quête spirituelle, guide, guérisseur, clé, ouverture d'esprit, originalité.

Lune noire ⚸

« Chute », blessure d'enfance, cicatrice, refoulement, culpabilité, dette karmique, refus d'évoluer, « victimite », autodestruction.

Nœud nord ☊

But de vie, destinée, idéal, axe futur de la destinée, potentiel à atteindre par une évolution spirituelle.

Nœud sud ☋

Karma, vie passée, remise en question, égoïsme, axe passé de la destinée, résidu karmique à transformer.

Part de Fortune ⊕

Indice de bonheur matériel, résultat d'un karma positif, recherché et exprimé selon le signe et la maison la contenant.

Junon ⚵

Conjoint légal, mariage, contrat, structure juridique ou morale.

Sappho ⚶

Instinct sexuel, magnétisme, charisme, attraction.

Éros ⚷

Désir, passion, coup de foudre, attirance.

Amor ⓪

Amour romantique, complémentarité, partage, reconnaissance mutuelle.

Psyché ⚇

Amour spirituel, don de soi, compassion.

Chapitre 1

Histoire d'amour

La Venue du Christ il y a deux mille ans est souvent associée à l'amour. Je vais vous préciser maintenant en quoi ce lien existe véritablement et comment il peut se développer à notre époque et dans le futur.

Vous devez, tout d'abord savoir que, pour que l'amour puisse se manifester sur cette Terre il est nécessaire qu'il soit précédé de la sagesse. La sagesse est, en quelque sorte, un contenant pour l'amour.

Ainsi, durant de longues périodes de temps la sagesse s'est déversée sur la nature et l'humanité. Ce sont des entités spirituelles qui étaient chargées de cette tâche. Ces entités sont d'ailleurs appelées les Esprits de la Sagesse.

Aujourd'hui, il suffit d'observer un peu la nature pour reconnaître toute la sagesse qu'elle recèle. Tout est à sa place dans la nature avec son cycle des saisons, ses germinations et ses floraisons. Tout semble incroyablement parfait et sage. Ceci est le travail de la sagesse qui est totalement manifestée sur cette Terre.

L'être humain, lui-même, peut aujourd'hui commencer à exprimer cette sagesse. Il dispose actuellement de facultés intellectuelles qui lui permettent d'appréhender beaucoup de concepts qui le rendent sage.

On peut dire, en résumé, qu'après de longues périodes d'imprégnation, la sagesse peut aujourd'hui être exprimée concrètement par l'être humain depuis quelques siècles. On peut même en voir les progrès dans le fait que l'Homme a développé une autre manière de penser depuis les philosophes grecs avec, notamment, la logique d'Aristote, puis à partir de la Renaissance où sa pensée s'est – en quelque sorte – unie à la matière. Aujourd'hui, la sagesse continue de progresser et l'individu a développé de plus en plus les concepts (qui en étaient à leurs balbutiements à l'époque grecque) qui lui ont permis de créer la science matérialiste.

L'amour n'a pas attendu la Venue du Christ pour exister chez l'être humain. En fait, même si l'amour doit beaucoup à l'incarnation du Christ, cette énergie est arrivée bien longtemps avant, lors de l'épisode de la séparation des sexes, il y a environ cent cinquante millions d'années.

C'est à partir de cette époque que l'amour a commencé à pénétrer l'être humain d'une manière primitive.

Aujourd'hui, l'être humain en est encore au stade de l'imprégnation. Rares sont les individus capables d'exprimer l'amour. Bien souvent, les Initiés qui s'incarnent pour l'exprimer sont incompris et persécutés. Le Christ en est le plus parfait modèle.

Le jour où l'être humain pourra comprendre le Christ, pourra le « penser » et le faire « vivre » en lui, il pourra alors exprimer l'amour. Pour cela, il nous faudra attendre l'ère du Verseau (de 2500 à 4400 environ) qui est appelée « l'église de Philadelphie » dans l'Apocalypse de Jean (Philadelphie signifie « amour fraternel »).

Mais, je vous invite à une récapitulation de toute l'histoire de l'amour sur Terre afin que vous puissiez y voir plus clair.

Pour cela, j'aimerais vous donner une idée de ce qu'était l'amour à l'origine de l'humanité. Cela va nous faire remonter quelques dizaines de millions d'années en arrière, car l'être humain est présent sur Terre depuis beaucoup plus longtemps que ne le croient les scientifiques (l'Homme n'a pas toujours eu un squelette lui permettant de laisser des traces pour le scientifique matérialiste). L'être humain a existé sous d'autres formes (sans squelette) que celle qu'on lui connaît aujourd'hui.

L'amour à l'origine

Vous savez certainement qu'il fut un temps où l'être humain était androgyne. À cette époque, il vivait dans le monde spirituel, parmi les entités spirituelles. Il n'avait donc pas besoin de religion.

Il faut dire également que la matière de cette lointaine époque n'était pas vraiment une matière comme on la conçoit de nos jours.

Elle n'était pas aussi dense qu'aujourd'hui. L'être humain de cette époque n'avait pas de corps physique dense comme aujourd'hui. Il disposait d'un corps éthérique et « par-dessus » d'un corps semi-physique que l'on pourrait qualifier de mou ou gélatineux comme du blanc d'œuf non cuit. Il n'avait ni colonne vertébrale, ni os qui aurait pu laisser des traces de son existence.

Cet être humain d'un très lointain passé était androgyne et il pratiquait l'auto-reproduction. L'être qu'il reproduisait était comme un « clone » de lui-même dans le sens où il lui ressemblait parfaitement.

De plus, l'être humain de cette époque ne mourait pas, il se régénérait, puis changeait de forme.

Cet être humain pouvait-il ressentir une forme d'amour ? Il ressentait une forme d'amour instinctif pour l'univers, le monde spirituel et pour les entités spirituelles qui s'occupaient de lui et avec lesquelles il était en contact permanent. Mais sa conscience était crépusculaire, comme endormie.

Aujourd'hui, si vous voulez entrer en contact avec un Ange ou un Archange, ce n'est pas facile car vous devez retrouver le monde spirituel. À cette époque il n'y avait pas ce problème !...

Le monde spirituel était la seule chose qui existait et l'être humain en faisait partie, il demeurait en contact avec les entités spirituelles qui participaient à son évolution.

Cet être humain ressentait une sorte d'amour instinctif pour toutes ces entités spirituelles, pour tout ce qu'il percevait.

J'appelle cela « amour instinctif » parce que ce n'était pas un amour « pensé ».

Aujourd'hui, lorsque vous aimez une personne, vous pensez à elle. Il y a certaines qualités ou traits de caractères que vous aimez chez cette personne. À cette époque cela n'existait pas.

C'était une énergie d'amour qui était là mais qui ne se justifiait pas, était juste naturelle, faisant partie de la nature de cet être.

En résumé, à cette lointaine époque, cet être protohumain, ce très lointain ancêtre que vous avez été, androgyne et ressentant un amour instinctif, vivait en communion avec son milieu : le monde spirituel.

La « Chute »

Que peut bien vouloir dire ce concept de « chute » ? D'une part, que l'on tombe, que l'on descend.

Cela signifie qu'à partir d'un certain moment de son évolution, l'être humain a quitté le monde spirituel pour revêtir un corps physique plus dense et s'enfoncer dans la matière.

Cela correspond au départ de la Lune, qui sortit de la Terre (voir mes ouvrages *L'Animal Intérieur* ou *Chercheur d'Éternité* chez le même éditeur pour l'histoire de la Terre et de l'humanité) et s'éloigna dans le cosmos pour devenir le satellite que nous connaissons, il y a environ cent quatre-vingt à deux cents millions d'années.

L'être humain se redresse, adopte la position verticale et il dispose alors d'un corps physique plus dense où l'ébauche du squelette apparaît.

L'être humain acquiert également un système sanguin, un corps mental et un « Je » individuel qui commence à s'incarner.

Il devient un peu plus semblable à l'Homme d'aujourd'hui (même si son corps est encore gélatineux et qu'il ne peut laisser aucune trace de son passage sur Terre puisque son squelette est encore trop « plastique »).

D'autre part, la « chute » correspond au fait que certaines entités spirituelles ont donné le libre arbitre à l'être humain. C'est-à-dire que l'Homme a été expulsé du « paradis » ou monde spirituel mais, en échange, lui a été donné le libre arbitre. Avant il n'en avait pas besoin puisqu'il était constamment relié aux entités spirituelles qui assuraient sa guidance. En revanche, après la « chute » il ne pouvait plus être en contact avec ces entités aussi facilement. On lui a donc offert la possibilité de devenir autonome grâce au libre arbitre.

Ce libre arbitre, ce sont les entités lucifériennes qui le lui ont offert.

Lucifer, l'archange rebelle, a offert sa lumière à l'être humain afin qu'il soit plus conscient dans son épreuve de l'incarnation sur Terre.

Cependant, la lumière de Lucifer est une lumière « viciée », emplie d'orgueil. Ainsi, en positif l'être humain acquiert de Lucifer un surcroît de conscience qui lui permet d'obtenir le libre arbitre, mais en négatif ce surplus de lumière est porteur de l'égoïsme.

L'être humain expérimente l'incarnation et commence à s'individualiser. Mais sa manière de s'individualiser et sa façon d'aimer vont être porteuses de l'égoïsme.

La première forme de liberté que l'être humain expérimente sur Terre est donc l'égoïsme. C'est un « mal » luciférien pour un bien permettant à l'être humain de poursuivre son évolution sur Terre.

Cet égoïsme luciférien incite l'humain de ces temps protohistoriques à rechercher tout ce qui peut lui procurer du plaisir ou des sensations agréables : la sexualité et tous les plaisirs de l'incarnation en découlent.

L'égoïsme, parce qu'il est centré sur lui-même, permet à chaque être humain de se différencier des autres.

Ainsi, Lucifer a octroyé à l'être humain une forme d'amour pour soi (amour-propre ou égoïsme) qui a permis à ce dernier de commencer son évolution terrestre vers plus de conscience. C'était une première étape et non une finalité.

Cela explique cette phrase du Christ :

« Tu aimeras ton prochain comme toi-même ! »

(Matthieu XXII, 39)

Cela signifie qu'à l'époque de la Venue du Christ, l'être humain avait cultivé l'égoïsme depuis des millions d'années et qu'il était temps de penser à son prochain autant qu'il avait pensé à lui-même. Cela signifie :

Apprends à donner autant d'amour à autrui que tu t'en donnes à toi-même ou que tu en prends aux autres.

L'égoïsme qu'on baptise hypocritement « amour-propre » doit être combattu depuis la Venue du Christ car cette forme d'amour est maintenant retardataire et fait de celui qui le pratique exclusivement un adepte de Lucifer.

Depuis la Venue du Christ, la sexualité et les plaisirs égoïstes doivent être transfigurés par l'amour, le véritable amour du cœur. Cela ne veut pas dire qu'il faille supprimer la sexualité car l'être humain actuel n'en est pas encore capable, mais il faut subordonner la sexualité à l'amour et à un idéal moral.

Il nous faut tout d'abord aimer, d'un amour sincère et profond, et ensuite concevoir la sexualité comme l'un des moyens d'expression de cet amour du cœur.

Mais revenons à l'être humain du lointain passé.

Comprenez cette loi :

La liberté sans amour produit l'égoïsme.

Avant la « chute », tous les êtres humains sont semblables. Il n'y a pas d'individualisation ni de liberté possible. Tant que l'être humain reste androgyne, il n'y a pas d'égoïsme.

Mais avec la « chute » arrivent la séparation des sexes et la liberté. La séparation des sexes marque le premier pas vers l'individualisation, la différenciation. Les êtres humains ne sont plus tous identiques car il y a les hommes d'un côté et les femmes de l'autre.

L'individualisation commence au niveau physique.

Chaque fois que l'homme et la femme se reproduisent, il y a accentuation de la différenciation.

Il faut savoir que l'aspect féminin est celui qui conserve la forme alors que l'aspect masculin est celui qui différencie la forme. On peut le concevoir dans les noms donnés aux chromosomes sexuels : XX chez la femme et XY chez l'homme.

En fait, lorsque la femme est enceinte, son principe sera de faire en sorte que l'enfant lui ressemble ou ressemble à son père, alors que le principe de son compagnon sera que l'enfant ne ressemble ni à sa mère ni à lui-même. Cela est bien évidemment inconscient.

C'est un processus de la nature. Il est nécessaire que les deux principes soient présents et qu'ils s'équilibrent.

Avec la séparation des sexes, une autre forme d'amour apparaît chez l'être humain, basée sur la procréation et non plus instinctive comme auparavant. C'est un amour fondé sur l'attirance sexuelle afin que la procréation ait lieu.

L'amour
des liens du sang

Alors se révèle l'amour « familial ».

C'est l'amour des liens du sang. L'être humain « atlantéen » d'il y a quinze à vingt millions d'années découvre cet amour des liens du sang. Il aime son compagnon ou sa compagne ainsi que ceux qui lui ont donné la vie (parents) et ceux à qui il a donné la vie (enfants). Les autres sont des étrangers voire des ennemis potentiels. Sa capacité d'amour ne peut inclure que les membres de sa famille. L'amitié n'existe pas encore à cette époque.

Pendant des millions d'années cette forme d'amour est la seule qui existe. Les premières « tribus » sont exclusivement familiales. Les êtres humains ne se reproduisent qu'en famille. Ce système a duré très longtemps puisqu'au temps des anciens égyptiens il était courant de voir des mariages entre frères et sœurs ou entre père et fille par exemple. L'être humain s'emplissait d'amour mais il ne pouvait le vivre que d'une manière extrêmement limitée.

Même aujourd'hui, il reste encore, dans certaines races, des conceptions très fortes des liens du sang et de l'appartenance à une famille particulière. Cette conception mènera à la dégénérescence les individus qui continueront à l'entretenir. En Occident, il y a même des partis ou des associations qui tentent de faire perdurer cet état d'esprit rétrograde. On peut le voir, par exemple, avec les associations soi-disant anti-sectes qui veulent protéger à tout prix les « valeurs » familiales et se comportent en fanatiques encore plus sectaires que les « sectes » qu'elles pourchassent. Ces associations lucifériennes compromettent dangereusement l'évolution humaine.

Aujourd'hui, la famille ne doit plus se replier sur elle-même mais s'ouvrir sur l'amitié, tout d'abord, puis sur un amour beaucoup plus vaste.

Il fallut attendre longtemps pour que l'amitié entre familles naisse. Alors des familles se regroupaient et formaient des clans qui se reconnaissaient dans le même Dieu protecteur.

Il y eut des mélanges entre familles qui ont constitué, petit à petit, des races.

La conception de l'amour continuait de grandir et nous arrivons à la conception gabriélique de la relation. C'est, en effet, l'Archange Gabriel qui est le protecteur de l'amour familial. C'est lui qui incite à la procréation et génère « l'instinct maternel » par exemple. Et son influence a été puissante dans ce domaine jusqu'à la Venue du Christ.

Ainsi, à l'époque atlantéenne, ceux n'appartenant pas au clan ou à la même race étaient considérés comme des ennemis.

L'amour familial ou de « tribu » a donc évolué jusqu'à l'amour s'étendant à une race entière, ce qui est déjà un progrès notable même si cela s'est accompli sur des millions d'années !

Durant l'époque post-atlantéenne, la nôtre, la période de Krishna (3228-3102 avant J.-C.) apporte une révolution dans notre histoire de l'amour.

Krishna a donné un grand coup dans les liens du sang puisqu'il s'est retrouvé mêlé à la bataille de Kurukshetra (une sorte de « guerre mondiale » d'un lointain passé : vers 3150 avant J.-C.), qui a opposé des cousins. Et on le voit dans la *Bhagavad-Gita* pousser son disciple Arjuna (le futur saint Paul) à faire la guerre à ses cousins.

Krishna exprime bien le souhait de détruire les liens du sang. Il montre que l'être humain doit passer à autre chose, à un amour plus vaste, plus inconditionnel. Il prépare la Venue du Christ.

Même si l'influence de Gabriel a été encore forte jusqu'au XIXe siècle, elle s'est transformée petit à petit pour laisser la place à une autre forme de l'amour : l'amour-partage ou individualisé, induit par la Venue du Christ (pour mieux se rendre compte de ce que le Christ a apporté à l'humanité, voir mes ouvrages *L'Expérience du Christ* et *Initiés & Mystères* chez le même éditeur).

C'est au Moyen Âge que cet amour est apparu pour la première fois dans l'histoire de l'humanité. Le travail réalisé par les troubadours, les cours d'amour, le développement de l'amour courtois dans la chevalerie, tout cela a contribué à générer une toute nouvelle qualité d'amour.

Le Christ et l'amour

Lorsque le Christ s'incarne en Jésus à l'occasion du baptême dans le Jourdain donné par Jean le Baptiste (pour plus de détails sur l'Incarnation du Christ, voir mes deux ouvrages *L'Expérience du Christ* et *Initiés & Mystères*), que fait-il ?

Il assiste à un mariage. On se demande bien ce qu'il peut faire dans un mariage. Il assiste aux noces de Cana.

Pourquoi ?

Tout simplement parce que cette tribu était la seule, à son époque et dans cette région, qui acceptait de pratiquer le mélange des races.

Au temps du Christ, les gens de race différente ne se mélangeaient pas encore. Pourtant la tribu de Cana le faisait. Elle était donc en avance sur son temps et c'est ce que le Christ a voulu souligner. Les noces de Cana présentent également un changement dans la relation entre Jésus et Marie. À partir de ce jour-là, la relation entre Jésus et Marie repose sur les liens de l'esprit plutôt que sur les liens du sang. Les noces de Cana représentent donc un puissant symbole de ce que l'humanité doit réaliser : plutôt que de cultiver les liens du sang, comme on le fait encore trop souvent, il faut s'ouvrir aux liens de l'esprit. Les liens du sang ne reposent que sur le corps physique (votre mère a pu être une amie, une sœur ou même une ennemie dans une autre vie).

Les liens de l'esprit reposent sur le « Je », l'être spirituel immortel qui s'incarne et change de forme chaque fois. Ce que nous voyons en l'autre c'est un esprit, un « Je » qui s'est incarné pour vivre toutes sortes d'expériences terrestres. Nous en partageons certaines avec lui. L'important n'est pas qu'il soit notre père ou un ami mais ce que nous pouvons échanger avec lui et comment nous pouvons grandir ensemble en sagesse et en amour dans le respect de sa liberté.

Le Christ n'a jamais prôné les « valeurs » familiales, contrairement à ce que proclame hypocritement l'Église catholique qui a inventé tout un comportement familial soi-disant évangélique, mais les valeurs de l'esprit.

C'est pourquoi il a dit cette phrase si mal comprise, que seul pouvait devenir son disciple celui qui rejetait son père, sa mère, ses frères et sœurs et ses cousins (voir Évangile de Matthieu X, 35-37).

Le Christ n'était pas contre la famille, mais Il souhaitait que l'individu fasse croître sa capacité d'amour afin de l'étendre au-delà du cercle de sa famille et qu'il cultive, même au sein de sa famille, des liens plus élevés.

Il était temps pour l'homme de commencer à aimer son prochain.

Le Christ annonçait l'avenir, l'amour inconditionnel qui vous fait ressentir de l'amour même pour des gens que vous ne connaissez pas. Ceci est la compassion. Pour devenir un aspirant, engagé profondément dans une voie spirituelle, il faut ressentir de la compassion pour autrui. Si l'on ne peut même pas dépasser son cercle familial, on n'a aucune chance de devenir un disciple du Christ.

Le Christ apporte donc une dimension plus vaste de l'amour.

Après l'amour familial étendu à l'amour racial, on doit passer à l'amour pour son prochain et pour l'humanité. C'est un bond de géant que propose le Christ. Vous comprenez facilement que l'être humain en soit encore très loin.

Le Christ souhaite la mondialisation de l'amour, le mélange des races. Il souhaite que l'être humain se ressente comme appartenant à un tout, l'humanité sans distinction de race ou de nationalité.

On n'en est pas encore là. Il y a encore beaucoup de travail à faire pour atteindre ce but.

Ne soyons pas utopistes, il faudra encore quelques millénaires pour s'en approcher et le réaliser concrètement !

Mais ne vous inquiétez pas, vous aurez l'occasion de vous réincarner de nombreuses fois afin de participer à l'expression de l'amour christique ou inconditionnel.

L'amour inconditionnel ou inclusif ou encore christique est très difficile à comprendre. Lorsque l'on parle d'amour aux gens ils sont passionnés, car ils attendent tous le « grand amour ». Seulement, d'une part, l'idée qu'ils se font du « grand amour » est utopiste ou illusoire et, d'autre part, le seul « grand amour » qui soit réel pour eux, l'amour inclusif ou inconditionnel, n'est pas appréhendable.

En effet, l'être humain « pense » l'amour en terme d'égoïsme alors que le « grand amour » qui est inclusif ou inconditionnel est tout sauf égoïste. Il y a donc incompréhension totale lorsqu'on essaie d'expliquer aux gens ce qu'est le véritable « grand amour » christique ou inclusif, qui est don total, alors qu'eux souhaitent rencontrer quelqu'un qui s'occupera d'eux et comblera leurs attentes.

On essaie de leur présenter un amour mature et responsable alors qu'ils cherchent un amour infantile.

L'amour christique passe par le mélange des races.

On peut voir que depuis la Venue du Christ il y a eu des progrès dans ce sens. Aujourd'hui, le mélange des races est de plus en plus accentué même s'il génère un racisme parfois extrêmement violent.

Maintenant, ce processus est en route et il ne fera que progresser au cours des prochains siècles.

Aujourd'hui, on voit de plus en plus de gens qui pratiquent des mariages inter-raciaux. Ils sont encore très mal jugés dans notre société; pourtant, ils constituent un réel progrès. Il est vrai cependant que les gens qui se mettent à dos leur famille pour se marier avec quelqu'un d'une autre race ne le font pas pour développer l'amour christique. Leur intention est égoïste mais on peut y voir, derrière l'apparence, un réel progrès et un changement lent mais concret de conscience par rapport à l'amour.

Le Christ demande à l'être humain d'expanser son amour au maximum de gens possible. Il faut ressentir l'amour au-delà des croyances, des tabous, des religions, des races et des cultures.

Si vous aimez quelqu'un, peu importe sa religion, sa race ou sa culture. Osez aller jusqu'au bout de votre amour. Assumez-en la responsabilité. Vous ferez progresser l'imprégnation puis l'expression de l'amour sur cette Terre. C'était inconcevable autrefois.

Aujourd'hui, il y a un mélange des races qui est de plus en plus marqué notamment en Amérique du Nord et en Europe. C'est un progrès.

Ce mélange des races correspond à ce beau symbole de la colombe du Saint-Esprit que le Christ est venu apporter. L'aspect Saint-Esprit est le symbole de l'union de tous les esprits individuels humains à un niveau supérieur de conscience.

Méditation de la colombe

1 . Imaginez une immense colombe qui représente le Saint-Esprit et qui plane au-dessus de la Terre et de l'humanité.

2 . Imaginez que chaque être humain est relié à cette colombe par un fil de lumière. Chaque être humain est vivifié par le Saint-Esprit et peut ainsi se relier à tous ses frères et sœurs humains.

3 . Visualisez et ressentez que vous vous reliez à cette colombe lumineuse et que cela vous relie à l'humanité. Visualisez et ressentez que cela développe une petite graine en vous : la graine de l'amour christique ou inconditionnel.

4 . Visualisez et ressentez cette petite graine dans votre chakra du cœur qui rayonne.

Vous pouvez faire cette petite méditation régulièrement si vous souhaitez participer à cette évolution de l'aspect « amour » sur cette Terre en compagnie du Christ.

Ceci est le grand espoir de humanité. L'espoir qu'un jour l'être humain ne fera plus de différence entre lui et ses frères et sœurs car il sera conscient qu'un même esprit les relie tous.

Le Christ est le grand réunificateur. Même si chaque être humain dispose d'une âme divine individuelle, les âmes sont toutes réunies par le Saint-Esprit dans le monde spirituel (le terme « âme » n'est pas employé ici au sens chrétien du terme; dans notre terminologie, « âme » correspond au « Soi spirituel »). Il y a un lien entre toutes ces âmes. Si un individu s'ouvre à cette conception et qu'il la ressent dans son cœur, il laissera couler sa source d'amour non seulement sur lui et sur ses proches, mais sur toute l'humanité. C'est ce que j'appelle l'amour inclusif ou christique ou encore le « grand amour ».

Égoïsme et égocentrisme

Retenez que l'amour sans individualisation conduit à l'égoïsme et que l'individualisation sans amour conduit à l'égocentrisme.

Comprenez bien : si l'individu essaie d'être gentil avec tout le monde sans être individualisé, libre et indépendant, il se fait accaparer, utiliser, voire « bouffer » par tout le monde car il n'a aucune réalité propre.

D'un autre côté, si l'individu est très individualiste, très « coupé » d'autrui parce qu'il n'a pas développé la qualité d'amour, il aura tendance à se prendre pour le centre du monde, car les autres n'existeront pas pour lui.

Pour vaincre l'égoïsme et l'égocentrisme il faut ajouter l'amour à la liberté.

Ainsi en apportant cet amour inclusif, le Christ permet également de mieux comprendre ce qu'est le libre arbitre ou la liberté. L'un ne va pas sans l'autre. En fait, le Christ chasse l'égoïsme de la liberté et permet ainsi à l'être humain de s'individualiser correctement sans que cela soit aux dépens de ses frères et sœurs de l'humanité car il le fait dans l'amour et la fraternité.

Quel est le but de l'expérience de l'Homme sur cette terre ?

On peut le résumer ainsi :

Exprimer l'amour d'une manière libre.

Aujourd'hui, vous avez le choix. Vous êtes libre d'expérimenter un amour limité à une personne ou à votre famille.

Vous êtes libre d'expérimenter un amour totalement exclusif (envers une personne à l'exclusion des autres).

Bien évidemment c'est le type d'amour qui est encore le plus répandu sur cette Terre. Pourtant, vous avez certainement des amis.

C'est là une forme d'amour transitoire qui marque également un progrès. Bien sûr l'amitié est toujours intéressée et
égoïste, mais elle représente un progrès qu'il faut savoir reconnaître. Certaines personnes vont même jusqu'à dire qu'une amitié
est plus solide que l'amour. On devrait traduire par : plus sécurisante. Mais ce n'est pas grave, l'être humain progresse tout de
même.

Alors, égoïsme ou fraternité ?

Si vous choisissez d'avancer vers ce véritable « grand
amour », cela va vous demander de gros efforts. En aurez-vous le
courage ?

Il est beaucoup plus simple de rester égoïste. Mais si vous
acceptez de regarder autour de vous, vous verrez que l'humanité
en « crève » de tout cet égoïsme.

Arriverez-vous à dormir tout en restant égoïste ?

Mais le monde spirituel, dans son infinie bonté, vous
laisse le choix.

Il vous propose l'amour inclusif ou christique mais il vous
laisse la liberté d'aller dans ce sens ou de rester matérialiste et
égoïste.

Il est temps que l'être humain passe de l'égoïsme (ou de
l'égocentrisme) à la fraternité. Le sort du monde en dépend.

L'amour dans le futur

C'est au Moyen Âge que, pour la première fois, l'humanité a expérimenté un amour individualisé et sacré en Europe.

Sous l'impulsion des troubadours et des cours d'amour,
l'être humain a impulsé une autre manière de vivre l'amour.

À cette époque – les historiens l'ont découvert ces deux
dernières décennies – la femme était considérée comme « l'égale »
de l'homme. Elle pouvait obtenir les mêmes responsabilités et les

mêmes fonctions sociales que lui, ce qui a permis à cette forme d'amour courtois ou sacré de s'imposer. L'homme était le cheva-lier qui jouait son rôle de conquérant de la matière et la femme était la « dame » qui lui rappelait le monde spirituel, la beauté et la sagesse pour lesquels il combattait. La femme était l'inspiratrice, la conseillère, celle qui soutenait l'homme dans sa quête de rédemption et son travail de construction de l'Europe. La com-plémentarité des sexes favorisait l'éclosion d'un amour profond et respectueux qui pouvait spiritualiser l'aspect luciférien de la sexualité.

Pour la première fois, l'être humain disposait d'une pensée individualisée et d'un amour du cœur non encore corrompu par la société matérialiste à venir. Avec l'avènement de cette dernière, il y eut une sorte de régression des relations humaines que le mouvement du romantisme tenta d'endiguer.

Aujourd'hui, il est temps de vivre une Renaissance à l'envers. L'humanité a besoin d'expérimenter une nouvelle Renaissance dans le sens où elle a besoin d'une explosion de créativité telle qu'elle se produisit à la Renaissance. Mais ce pro-cessus doit être inversé par rapport à la Renaissance où l'être humain vit sa pensée chuter dans la matière et le royaume d'Ahri-man (ou Satan) afin de créer une civilisation matérialiste.

Si cette nouvelle chute dans la matière a été nécessaire pour que l'être humain s'affranchisse de la bienveillante protec-tion du monde spirituel (et qu'il pense par lui-même et se sente libre vis-à-vis du monde spirituel), aujourd'hui il apparaît urgent qu'il se retourne vers le monde spirituel et qu'il vive une sorte d'ascension (donc l'inverse de la Renaissance).

Que le lecteur ne se méprenne pas sur le fond de ma pen-sée. Je ne suis nullement un nostalgique du Moyen Âge qui sou-haite un retour à cette période. Le passé est révolu.

Ce qu'il nous faut c'est une révolution intérieure et spiri-tuelle au sens propre : un retournement de la pensée qui se relie de nouveau au monde spirituel et d'où découle une nouvelle culture spirituelle adaptée à notre temps et basée sur un amour inclusif ou christique.

Il nous faut des créateurs libres, capables d'une pensée emplie d'amour fraternel et voulant donner au monde une nouvelle culture issue d'une collaboration avec les entités du monde spirituel.

Nous serons alors sur la voie qui conduit à l'ère du Verseau : la période de l'amour fraternel.

Pour l'ensemble de l'humanité, il faudra attendre plusieurs millions d'années encore pour atteindre ce résultat.

Rappelez-vous que l'être humain s'est imprégné de l'énergie de la sagesse durant des millions d'années avant de pouvoir l'exprimer.

Maintenant il en est au stade où il peut exprimer la sagesse et où il s'imprègne d'amour (depuis longtemps déjà).

L'être humain d'aujourd'hui peut s'imprégner facilement d'amour (s'il est normalement ouvert et réceptif) et il peut commencer à le ressentir dans son cœur.

Dans quelques milliers ou millions d'années l'être humain moyen commencera à pouvoir exprimer l'amour.

Il le ressentira facilement, à volonté, dans son cœur, dans sa poitrine comme une chaleur bienfaisante. Il saura alors qu'il peut transmettre cette chaleur, la partager avec autrui.

À cette époque future, la relation entre deux personnes s'établira sur cet échange de la chaleur-amour du chakra du cœur qui sera ressentie et exprimée.

L'être humain se mettra facilement dans son chakra du cœur. Il y ressentira la chaleur de l'amour et il la laissera couler par ses mains, notamment (par la suite, il pourra la transmettre également par son chakra frontal), vers une autre personne qui fera de même. Il y aura un échange de chaleur-amour qui se fera naturellement.

À une plus lointaine époque future, l'être humain ressentira et exprimera l'amour inclusif au point qu'il se concrétisera sous la forme d'un parfum. Il émanera un parfum de fleur de l'être humain de ce lointain futur qui sera le parfum de l'amour.

Il pourra alors exprimer cet amour inclusif d'une manière encore plus globale dans tous ses actes et dans toute sa créativité.

Aujourd'hui déjà, certains Initiés qui ont réussi à « christifier » leurs différents corps (et principalement le corps éthérique, véhicule de l'amour) peuvent exhaler ce parfum.

En fait, à quoi sert une voie spirituelle du point de vue de l'amour ?

La voie spirituelle a pour but de vous faire ressentir l'amour dans votre cœur sous forme de chaleur puis de vous apprendre à l'exprimer de toutes sortes de manières puis de l'élever jusqu'au plus haut niveau que vous soyez capable d'atteindre dans cette vie.

En fait, une voie spirituelle vous propose, en une seule vie, l'évolution que vous mettriez des milliers, voire des millions d'années à effectuer en dehors d'une voie spirituelle.

L'évolution spirituelle est une accélération du processus de croissance qui fait de vous un pionnier, un être humain du futur dès aujourd'hui.

Et des pionniers il en faut pour aider l'humanité à aller vers ce futur. Il faut des Initiés et des disciples qui font la trace pour permettre à l'humanité de ne pas sombrer dans le matérialisme, voire pire, dans l'« abîme » et l'inertie totale.

Il faut des gens courageux et ayant la foi, qui ressentent suffisamment l'amour en eux pour prendre tous les risques afin de le développer à l'infini et d'en faire bénéficier l'humanité.

Puissiez-vous faire partie de ces gens-là.

Puissiez-vous développer en vous un amour de plus en plus illimité et inclusif. Alors, vous rencontrerez votre Âme, le Christ en vous.

Chapitre 2

Le phénomène « miroir »

Ce que nous appelons le « phénomène miroir » est un processus de conscience de soi où nous faisons l'effort de voir la réalité en face, même si elle n'est pas à notre avantage.

Il s'agit, face à une personne ou à une situation, d'oser voir en face la part de nous-mêmes qui s'y reflète comme dans un miroir.

En effet, rien de ce qui nous arrive n'est un hasard (mot dissimulant notre ignorance). Chaque rencontre, chaque situation vécue nous met face à une part de nous-mêmes : une partie lumineuse de nous-mêmes peut se révéler grâce à cette rencontre ou cette situation, mais également une part « noire » nettement moins agréable.

Accepter de voir notre responsabilité dans une relation ou une situation qui nous perturbe demande beaucoup de courage (une vertu qui manque trop souvent à nos contemporains).

Mais, ce n'est qu'en acceptant de se confronter au « miroir » et de voir ce qu'il nous reflète de nous-mêmes (nos défauts, notre part « noire » ou inconsciente), que nous pourrons découvrir toute la part de Bien qui est également en nous.

Cette part du Bien en nous représente notre potentiel de créativité (au sens large du terme) et d'évolution spirituelle.

Or, nous ne pouvons agir ce Bien que si nous connaissons, en même temps, la partie « sombre » ou égoïste qui s'y oppose.

L'étude objective et sincère du « phénomène miroir » dans nos relations a pour but d'oser voir en face les aspects « sombres » ou égoïstes que nous projetons sur autrui (nos projections négatives : idéalisation ou dénigrement et critique) afin de les transformer en un Bien actif; ce Bien actif permettra d'améliorer la relation, de la vivre de manière plus authentique.

Ce principe du « miroir », que j'enseigne depuis une dizaine d'années et ai mis au point en tant que travail spirituel spécifique, trouve son origine dans l'histoire de Perceval en quête du Graal.

En effet, dans sa longue quête spirituelle, Perceval (IXe siècle) a progressé en utilisant ce principe du « miroir ». Il s'est aperçu que tout ce qu'il vivait trouvait écho en lui car il en portait « l'empreinte » ou le moule.

En fait, chaque événement vécu ou personne rencontrée reflétait une part de lui-même; ainsi, en restant attentif et éveillé face à l'événement ou à la personne, Perceval pouvait comprendre une part de lui-même qui apparaissait à sa conscience. Chaque scène de sa vie quotidienne lui révélait une partie de son inconscient. C'est par ce moyen que Perceval apprit de la vie et tira des leçons de ses expériences : il devint le premier chercheur spirituel moderne. Parti de la naïveté et de l'ignorance la plus complète, il se réalisa totalement et atteignit le plus haut niveau de conscience possible pour un être humain.

C'est en pratiquant le phénomène « miroir » dans ma vie quotidienne que j'ai re-découvert ce processus de conscience de soi et de transformation de la personnalité.

Le principe du « miroir » est une école de courage et de responsabilité qui nous conduit vers l'amour de notre prochain, c'est-à-dire vers des relations portées par l'amour le plus pur et le plus sincère.

Et c'est cet amour qui construit dans notre cœur la coupe du Graal transformant notre égoïsme en fraternité, tel Perceval qui découvrit cette vertu au cours de ses aventures.

Notez que le nom même de Perceval signifie « percer le voile », c'est-à-dire passer au-delà du voile de l'apparence ou encore découvrir la vérité derrière l'apparence illusoire et mensongère.

Notez également que nous pouvons mettre le phénomène « miroir » en analogie avec le signe de la Balance et la Maison VII, ainsi qu'avec l'aspect d'opposition.

La relation à notre époque

Le mot « miroir » vient du latin *mirus* qui signifie « étonnant ». La signification du verbe « mirer » est « regarder avec attention ».

Le phénomène « miroir » est un principe étonnant car il peut nous apprendre beaucoup sur notre fonctionnement inconscient et il suffit, pour le pratiquer, de savoir regarder avec attention.

Mettre en application le principe du « miroir » consiste donc à accepter la remise en question de nos actes, à en assumer la responsabilité, non pour nous autopunir mais pour grandir, nous améliorer et ainsi apprendre à travers nos relations.

Mais, pour apprendre de nos relations, il est nécessaire de savoir ce qu'est une relation.

Que signifie la rencontre de deux êtres ?

Les rencontres ont-elles toujours été les mêmes depuis que l'être humain s'incarne sur cette Terre ?

Pourquoi est-il si difficile de cultiver des relations épanouissantes ?

Depuis la « chute », l'être humain est coupé en deux, séparé en deux pôles apparemment inconciliables.

Il expérimente la séparation, non seulement extérieurement à travers la polarité homme-femme, mais aussi intérieurement, en lui-même, à travers deux forces opposées qui se heurtent sans cesse en lui : l'une issue de la tête (la pensée), le poussant à se différencier de tout ce qui l'entoure (symboliquement : le point), l'autre issue de la volonté l'invitant à fusionner avec le tout, à se perdre dans l'autre, à sombrer dans une indifférenciation totale, à perdre son identité (symboliquement : le cercle).

1. La pensée, agent de la séparation

Grâce à sa pensée, l'individu peut se différencier des autres et de l'environnement, être bien séparé de tout ce qui l'entoure. Il se perçoit comme un « Je » unique, un être distinct de ceux qu'il côtoie. Grâce à sa pensée, il peut prendre du recul par rapport au monde extérieur, mettre une distance entre lui et l'autre, voire repousser et rejeter l'extérieur pour prendre conscience de lui-même ou des événements de sa vie.

Ce processus de la pensée et de la conscience, en permettant de se différencier des autres empêche l'union, la fraternité. C'est le principe du point qui est rétracté sur lui-même.

2. La volonté, agent de la symbiose

Grâce à sa volonté, l'individu se sent en communion avec le tout. Alors que la tête sépare et différencie, le ventre et les membres s'adaptent immédiatement aux conditions et événements qui viennent de la périphérie. Ils épousent l'environnement, se fondent en lui. Ainsi, dans ses membres et son métabolisme où agit la volonté, l'individu est en sympathie avec tout l'univers, en symbiose permanente avec ceux qui l'entourent, au détriment de la conscience. Ce deuxième pôle est une sphère infiniment vaste qui englobe l'univers entier; il agit par l'union, la symbiose.

Ce processus de la volonté, en permettant de se perdre dans les autres, empêche de se faire des représentations, donc empêche la conscience. C'est le principe du cercle qui cherche à englober le tout.

3. Le « vide » du cœur

L'individu oscille sans cesse entre ces deux pôles contradictoires : le besoin de rejeter autrui pour se différencier et celui de se fondre dans les autres pour s'unir à eux, mais en perdant conscience de lui-même. Mais le drame se joue au centre, car le cœur est désespérément vide.

Le cœur, accaparé par tous les désirs de la société de consommation, en oublie d'aimer car l'individu ne cherche qu'à satisfaire ses désirs égoïstes et non à donner.

Le « vide » intérieur du cœur est la paresse d'aimer et de se tourner vers les autres dont fait preuve l'être humain contemporain.

Son « vide » du cœur est le reflet :

• de son manque d'identité. Ceci est dû au fait qu'il s'identifie uniquement à son corps physique;

• de son manque d'effort. Le courage vient du cœur;

• de sa misère sentimentale. Un cœur faible ne génère pas de ressenti qui élève (voir Dieu en l'autre, par exemple).

Or, si l'on est « vide » intérieurement, on ne peut faire de place à autrui et l'accueillir en soi. Notamment, lorsqu'on est « vide » dans son cœur et qu'on entame une relation amoureuse, si notre partenaire s'engouffre dans ce « vide », on le ressent comme une agression ou un viol de notre personnalité. Dans ce cas, le « Je » se défend et c'est le conflit.

Pour faire de la place à quelqu'un d'autre que soi, pour l'inclure, il faut sacrifier une part de soi afin de la lui offrir. Si l'on est vide, on n'a rien à offrir, rien à partager.

Lorsqu'on est plein d'une riche vie intérieure, du contenu de ses méditations et de sa créativité, on peut donner une part de soi à l'autre : on crée la relation (je te donne quelque chose qui vient de moi et tu trouves ainsi une place en moi).

Dans une relation amoureuse, il faut être plein de soi-même pour avoir quelque chose à offrir, à sacrifier à son (sa) partenaire.

Une relation doit se construire sur un partage et non sur une « pile » d'attentes et de projections !

Pour se débarrasser du « vide » intérieur, pour guérir son cœur malade de la société de consommation, il faut apprendre à donner, à offrir le meilleur de soi-même à autrui (quel que soit le type de relation).

Retenez ceci :

- Si je suis « vide » dans mon cœur et en attente d'être comblé par autrui, je ne peux rien donner et je ne peux pas créer la relation; alors j'agresserai l'autre et je me sentirai agressé par lui.

- Si je suis « plein » intérieurement d'une riche vie spirituelle et créative, j'existe par moi-même. Je ne me sens donc plus menacé d'être envahi par l'autre. Je peux alors donner, offrir (sacrifier une part de moi) quelque chose à autrui et lui faire de la place en moi; alors je suis créateur de la relation et je la partage avec l'autre.

Pour donner, l'individu doit faire l'effort de réunir les deux pôles pensée-volonté qui lui apporteront un équilibre :

- S'il favorise trop la différenciation, c'est-à-dire sa pensée au détriment de sa volonté, l'intelligence de la tête s'intensifie mais coupe l'être des forces de vie, l'isole des autres êtres et de l'univers. L'être a alors une conscience exacerbée de lui-même : il n'y a plus que lui qui existe. C'est l'égocentrisme (« Je suis au centre, et le plus important c'est moi ! »). La pensée devient une arme cruelle et froide. L'égocentrisme peut devenir tel que l'être humain se fait le destructeur de tout ce qui l'entoure et finalement de lui-même.

• S'il favorise trop la symbiose, c'est-à-dire sa volonté au détriment de sa pensée, les forces de vie inconscientes de la volonté s'embrasent, prennent feu, entraînant la dispersion de l'être, l'anéantissement du « Je ». L'être humain perd conscience de lui-même : il « se fond » dans les autres. C'est l'égoïsme (« Je suis dans les autres, l'important c'est les autres ! » – le faux oubli de soi dans l'attente d'être aimé et reconnu d'autrui). Le « Je », dissous, devient le vecteur de forces énormes qui le dépassent, qu'il ne peut contenir (les émotions, notamment). La conscience, de plus en plus incohérente et confuse, peut sombrer dans la peur.

Gœthe a découvert une loi disant que lorsque deux polarités existent (ici, la volonté et la pensée), l'opposition des extrêmes a toujours pour effet de créer un troisième centre, un pôle médiateur entre les deux. Celui-ci existe bien chez l'être humain, c'est le cœur, mais comme la conscience de l'individu n'y est pas présente, ce troisième pôle reste vide et inactif. À la place, ce sont les conditionnements de notre société de consommation qui mènent le cœur, et les désirs égoïstes formant l'ego associés à des forces inhumaines (les forces des ténèbres) qui prennent le contrôle de l'être humain.

L'individu doit donc faire l'effort de réunir les deux pôles pensée-volonté. Il doit se placer lui-même au centre de son être, se concentrer et se diriger à partir de son centre. Il doit remplir de lui-même le vide occupé par les indésirables (les « marchands du temple » selon la terminologie christique), être celui qui, à partir du centre, associe les deux forces pour les équilibrer et les maîtriser.

Grâce à la Venue du Christ il y a deux mille ans, le « Je » de l'être humain (son être spirituel immortel) s'est intériorisé et renforcé en conscience.

Aujourd'hui, nous vivons une période capitale pour le devenir de l'humanité : l'ère de la conscience de soi qui a débuté il y a un siècle environ.

Ainsi, le « Je » est mûr pour développer son potentiel créateur et pour s'exprimer pleinement. Il faut en tenir compte dans nos relations. En effet, alors que dans les temps antiques les êtres humains vivaient les relations d'une manière très inconsciente (n'étant pas capables d'éprouver un amour individuel – rappelons que celui-ci est né seulement au Moyen Âge), de nos jours le « Je » cherche à s'imposer dans une relation, à prendre sa place.

Par exemple, il n'est guère possible de faire durer une relation amoureuse au-delà de deux années si l'on ne tient pas compte du « Je » (c'est-à-dire si l'on ne recherche que la symbiose avec l'être aimé).

En effet, lorsque deux êtres « tombent » amoureux l'un de l'autre, comme l'expression le souligne bien, il se produit comme une « chute » de la conscience. L'individu revit, en quelque sorte, une mini-période paradisiaque en conscience de rêve (tout au moins partiellement). C'est donc une période symbiotique où le « Je » est comme repoussé dans l'inconscient (ou derrière un « écran de fumée »).

Ceci est dû au désir sexuel qui a été octroyé à l'être humain par l'Archange rebelle Lucifer. Or, le désir sexuel étant de nature instinctive ou volontaire, il a tendance à éteindre la conscience (et donc le « Je »). Sans de gros efforts pour élever le désir sexuel à un niveau d'amour conscient (c'est-à-dire avec la participation du « Je »), il y a peu d'espoir que la relation amoureuse dure.

En effet, cet état symbiotique ou « paradisiaque » de la relation ne dure guère (pas au-delà de deux ans généralement – un cycle de Mars). Ensuite, le « Je » reprend le dessus et cherche à s'exprimer dans la relation.

En général, nous assistons alors au début d'une guerre d'egos aboutissant fréquemment à une séparation.

En effet, le but du « Je » étant de s'individualiser, s'il le fait de manière trop égoïste (donc en force vis-à-vis du partenaire), cela ne peut aboutir qu'à un conflit débouchant sur une rupture. Cela est d'autant plus probable si le « Je » a été étouffé durant deux ans à cause de la période symbiotique (ou passionnelle).

L'autre éventualité est une relation névrotique s'établissant sur le schéma classique « dominant-dominé » (un « Je » s'écrase au profit de l'autre).

La seule solution pour enrayer ce problème est d'ouvrir son cœur et de développer ce centre qui va venir rétablir l'équilibre dans la relation puisque le « Je » s'exprime à partir du cœur.

En effet, si le cœur est vide, l'ego sera d'autant plus avide de se remplir de l'autre, de le vampiriser. Si le partenaire ne se laisse pas faire, cela créera un conflit.

Le grand amour que cherchent la plupart des gens – les yeux dans les yeux pour toujours – est une grave illusion. Il faut tenir compte du besoin d'évolution des « Je » en présence qui veulent apprendre l'un de l'autre et partager (et non se perdre l'un dans l'autre comme le souhaitent, par ignorance, les gens en attente du « grand amour »). Encore faut-il qu'ils aient quelque chose à partager !

La solution est de cultiver en soi une riche vie intérieure qui remplira notre cœur. Ainsi, en allant vers l'autre nous n'aurons pas l'intention (certes inconsciente) de lui prendre tout ce qu'on pourra, mais de lui donner un peu de nous-mêmes.

Alors, de notre centre du cœur fleurira l'amour habité par le beau joyau qu'est la liberté.

La plénitude du cœur

Tout le problème de la relation, et plus particulièrement de la relation amoureuse, vient d'une méconnaissance du fonctionnement de l'être humain d'aujourd'hui : l'individu confond les effets de la volonté avec l'amour.

Il considère généralement qu'aimer c'est se fondre dans l'autre, c'est brûler avec lui dans le feu de la vie. Dans l'expression : « tomber amoureux », c'est la conscience qui tombe. Où ? Dans la volonté. L'amoureux perd la raison !

Bien entendu, l'amour véritable n'est pas uniquement une force volontaire. Il ne se manifeste jamais par une diminution de la conscience (en se perdant dans l'autre) mais par le rayonnement de celle-ci. Il est le fruit d'un juste équilibre entre les forces de la volonté et les forces de la pensée, lequel ne peut s'établir que dans le cœur spirituel (quatrième chakra).

Et pour réussir ce tour de force, rien de mieux que l'étude du « miroir » relationnel car il nous apprend à transformer nos faiblesses en vertus.

Comme nous l'avons déjà vu au chapitre précédent, ce n'est qu'après la Venue du Christ que l'être humain, davantage individualisé grâce à l'intervention de Dieu le Fils, put ressentir une vraie liberté non empreinte d'égoïsme et un authentique amour débarrassé des liens du sang (aimer son prochain, aimer ses amis comme le Christ l'a expliqué à ses apôtres).

Or, si l'individu s'élève au-dessus de son amour-propre (ou de son « nombril ») et qu'il se tourne vers autrui en se sentant libre d'aimer selon son cœur, il perçoit l'amour vrai dans sa beauté et sa liberté.

Ceci est le résultat d'une association entre la pensée (permettant l'individualisation, la différenciation) et la volonté (permettant l'union, la réceptivité, la vulnérabilité) dans le cœur, siège de l'amour.

Alors l'être humain se sentant libre d'aimer s'ouvre à autrui sans perdre son identité : la peur de l'autre a laissé la place à la fraternité.

Cet être peut désormais comprendre et ressentir cette phrase du Christ :

Nul n'a d'amour plus grand que celui qui donne sa vie pour ses amis.

Et ce n'était pas une simple phrase pour Lui puisqu'il l'a mise en pratique sur le Mont Golgotha, semant ainsi dans l'âme humaine le germe de l'amour vécu en toute liberté.

Depuis, chaque être humain porte dans son cœur cette possibilité de vaincre son égoïsme et d'expérimenter l'essence de l'amour : la liberté.

Quelques règles du « Miroir »

Le « miroir » est un principe qui demande beaucoup d'attention, de présence d'esprit et une grande ouverture face à la remise en question.

> *Car nous voyons, à présent, dans un miroir, en énigme, mais alors ce sera face à face. À présent, je connais d'une manière partielle; mais alors je connaîtrai comme je suis connu.*
>
> (St Paul – 1Co XIII, 12)

Si nous ne savons pas voir dans le miroir par manque de conscience, par peur de la remise en question, il restera pour nous une énigme. Nous ne connaîtrons alors que d'une manière partielle. Mais si nous faisons preuve d'attention, de questionnement et d'ouverture d'esprit, nous comprendrons ce que nous vivons et nous connaîtrons notre destinée comme notre Ange Guide la connaît.

Voyons une règle absolue concernant le phénomène « miroir » :

On ne peut voir chez autrui (ou dans le monde) que ce qu'on porte en soi.

Cela signifie que, bien que nous ayons les yeux ouverts sur le monde et sur nos proches, nous ne voyons (nous ne percevons intelligemment) que ce qui correspond à notre niveau de conscience et est en rapport avec les qualités (potentiels créateurs divers) et défauts (karma non réglé) que nous portons au plus profond de nous-mêmes.

Pourtant, accepter le phénomène « miroir » nous apprend beaucoup sur nous-mêmes, sur autrui et sur le monde. La vie devient alors passionnante car on peut comprendre tout ce qui s'y passe.

Comprendre le « miroir » que nous renvoie la vie peut devenir un jeu.

LE « MIROIR » DANS LA RELATION INDIVIDUELLE

Afin d'expérimenter correctement le phénomène « miroir », il est nécessaire de se poser les deux questions suivantes :

— Qu'est-ce qui m'émerveille ou me touche chez cette personne ?

— Qu'est-ce que je déteste ou rejette chez cette personne ?

1 . Toutes les qualités ou capacités qui vous émerveillent chez autrui correspondent à ces mêmes capacités ou qualités non encore révélées que vous portez en vous-même.

En effet, si vous ne portiez pas en vous ces qualités, vous ne les verriez pas chez autrui. Elles vous touchent, parce qu'elles contactent au plus profond de vous une énergie identique mais encore en « sommeil ».

Ainsi, lorsque telle qualité ou capacité vous émerveille chez une personne, cela signifie que vous êtes prêt à la cultiver en vous et à la révéler. C'est un « signe » qui peut vous aider à prendre conscience de ce potentiel intérieur.

2 . Tout ce que vous détestez ou rejetez chez autrui correspond à des problèmes ou défauts devant être réglés en vous-même. Ce n'est pas agréable à voir, mais chaque fois qu'on s'énerve vis-à-vis du comportement de quelqu'un, cela signifie que ce comportement « appuie » là où cela fait mal en vous, c'est-à-dire un problème non réglé.

Dans ce cas, le phénomène « miroir » est révélateur d'un problème qui est mûr en vous, que vous êtes prêt à régler.

Normalement, lorsque le comportement d'un individu nous énerve tout particulièrement, nous devrions nous remettre en question et prendre conscience que c'est le reflet d'un problème à régler en soi sans plus tarder. Inutile de s'en prendre à autrui et de l'accuser de tous les maux.

La règle générale serait même, pour les courageux et les responsables, de toujours se remettre en question quelle que soit la situation extérieure ou le conflit; de ne pas chercher à reprocher quoi que ce soit à autrui car cela cache toujours un problème non réglé en soi.

Alors, occupons-nous du problème à régler en soi et cessons nos reproches stériles.

« Ce n'est pas moi, c'est l'autre ! » est le leitmotiv de l'irresponsable qui ne se soucie pas du « miroir ».

Quelle est ma part de responsabilité dans cette situation ou ce conflit ? Quelle leçon puis-je en tirer ? Telles sont les bonnes questions que se pose celui ou celle qui tient compte du « miroir » de la vie. Ce sont les « bonnes questions » de l'aspirant au Graal moderne, de l'émule de Perceval.

Si nous voulons que les autres aient une meilleure image de nous, commençons par changer notre comportement vis-à-vis d'eux et améliorons-nous (et cessons de toujours les accabler).

N'oublions pas que l'étude du phénomène « miroir » est une bataille contre notre égoïsme.

Ne voulons-nous pas découvrir les secrets du véritable amour ? Alors réduisons notre égoïsme : c'est par là qu'il nous faut commencer.

LE « MIROIR » DANS LES ÉVÉNEMENTS

Lorsque vous assistez à un événement dans lequel vous ne vous sentez pas impliqué, ou lorsque vous voyez quelque chose à la télévision, vous n'avez pas l'impression d'en être responsable dans la moindre mesure.

Pourtant, s'il vous touche, cela signifie que vous portez en vous quelque chose qui vous relie à l'événement en question (première règle du « miroir ») et qu'il est capital d'en tirer une leçon (et donc de vous remettre en question).

Vous assistez à un reportage à la télévision montrant l'extrême violence de terroristes agissant au Moyen-Orient et cela vous touche. Pourtant vous n'êtes pas impliqué extérieurement dans les affaires du Moyen-Orient et vous êtes encore moins un terroriste.

Mais, si vous appliquez courageusement le phénomène « miroir », vous découvrirez certainement que votre réaction à ce reportage cache votre propre agressivité et la peur qui en découle vis-à-vis de l'agressivité d'autrui. Il y a du travail sur la planche !

On peut également se poser deux questions :

> — Face à un événement, qu'est-ce qui me touche et me donne envie de m'élever intérieurement ?

> — Face à un événement, qu'est-ce qui me révolte et provoque de la colère en moi ?

Lorsqu'un reportage montrant un enfant en train de mourir de faim et de maladie à l'autre bout de la planète vous met les larmes aux yeux, cela signifie qu'il est temps de vous occuper de votre enfant intérieur, car vous aussi vous êtes blessé intérieurement.

Lorsque vous assistez à la projection d'un film comme *Titanic* de James Cameron et que vous vous sentez transporté par l'amour sacrificiel du jeune héros qui a le don d'aider autrui à se révéler, cela montre que vous disposez de qualités de cœur qui ne demandent qu'à s'épanouir. Alors la fraternité est toute proche…

« *Miroir* » *et astrologie*

En astrologie, je relie le phénomène « miroir » au signe de la Balance, à la Maison VII (ce qui vient de l'extérieur) et à l'aspect d'opposition (la rencontre entre l'intérieur et l'extérieur).

Les personnes marquées par le signe de la Balance (ou l'axe Bélier-Balance avec une opposition sur celui-ci) ou la Maison VII (ou une opposition sur cet axe) sont particulièrement prédisposées à prendre conscience d'elles-mêmes à l'aide du phénomène « miroir ».

Leurs relations sont capitales pour leur évolution, encore plus que pour un individu non marqué par cette accentuation.

FAIS-MOI UN SIGNE... D'AMOUR : LA BALANCE ♎

Le signe de la Balance et son symbole nous parlent d'une dualité et d'un équilibre à trouver : au niveau relationnel, il s'agit de trouver un juste équilibre entre sa propre individualité et l'ouverture à l'autre.

En effet, une relation équilibrée demande à la fois d'être libre, individualisé face à l'autre et d'accueillir l'autre en soi, de s'oublier pour lui faire de la place. Tel est le défi du signe de la Balance et le vôtre si ce signe est mis en valeur dans votre thème (signe solaire, ascendant, chargé en planètes, etc.).

Vécue négativement, la Balance crée un déséquilibre où tantôt on se coupe de l'autre, tantôt on se perd dans l'autre :

— Qu'est-ce que je déteste ou rejette chez cette personne ?

Soit vous vous affirmez en force vis-à-vis d'autrui et ne respectez pas son libre arbitre; vous avez tendance à rejeter les autres, voire à les agresser, par peur de la remise en question que vous demanderait l'ouverture au principe du « miroir » tel qu'expliqué dans ce chapitre.

— Qu'est-ce que je déteste ou rejette chez cette personne ?

Soit vous gommez votre propre individualité en présence d'autrui afin de plaire et devenez alors inauthentique et dépendant du jugement d'autrui sur vous; vous vous perdez dans l'image qu'autrui vous renvoie sans avoir le recul nécessaire pour pouvoir en tirer des leçons.

Vécue positivement, la Balance apporte la conscience de soi par la relation grâce à l'acceptation du phénomène « miroir ». Il en découle un partage harmonieux avec autrui qui se crée lorsqu'on renonce à lui reprocher ses propres défauts et qu'on ose se mettre à son écoute sans le juger.

Il est difficile de trouver l'équilibre dans la relation sans un travail sur soi véritable afin de connaître et de transformer son égoïsme : définir ce travail est le but de l'Astrologie Holistique appliquée à la relation.

Une relation non égoïste demande l'ouverture du cœur afin d'une part, d'offrir à autrui ses qualités et sa créativité et d'autre part, de le décharger des projections de ses propres défauts.

LA MAISON VII

Toutes les histoires d'amour sont liées à la maison V. Cependant l'union, et la relation en général, se rattachent à la maison VII qui est la maison-miroir par excellence (en analogie avec le signe de la Balance et l'opposition). La maison VII (Descendant) reflète comme dans un miroir la maison I (Ascendant), ce qui signifie qu'on ne peut avoir de relations qu'avec des personnes qui reflètent une part de soi. Les relations qui reflètent le plus un « miroir » de soi-même permettent donc de se connaître et sont du ressort de la Maison VII ou Descendant.

Tout ce que votre Maison VII comporte donne donc une image de l'aspect « miroir » de vos relations, ainsi que de votre union avec votre complémentaire.

La maison VII montre ce que vous projetez de vous-même sur autrui et, par réaction, le type de personne correspondant à cette projection. La maison VII est le reflet d'une partie de votre être (complémentaire de votre partie exprimée et consciente) que vous cherchez à l'extérieur de vous alors qu'elle demeure à l'intérieur. La maison VII indique le type de partenaire qui vous attire le plus pour cette raison.

Il ne faut pas confondre les partenaires-miroirs avec les âmes sœurs. Les âmes sœurs sont deux individualités qui se sont connues et aimées dans d'autres existences et qui se retrouvent une fois de plus dans une nouvelle vie. Il en résulte une grande attirance réciproque. Généralement, le karma entre deux âmes sœurs est plutôt positif bien qu'il reste obligatoirement certains problèmes à résoudre. En général, elles se retrouvent surtout pour s'aider mutuellement à évoluer spirituellement sans vivre forcément ensemble. Nous reviendrons sur ce sujet dans notre chapitre sur les retrouvailles karmiques.

Le signe sur la pointe de VII (DS) montre le type d'expérience que vous souhaitez partager avec autrui. Il décrit quelle sorte d'union vous désirez :

— Vous désirez une union matérielle et sécurisante (DS en signes de Terre : Taureau-Vierge-Capricorne);

— Vous désirez une union émotionnelle et sentimentale (DS en signes d'Eau : Cancer-Scorpion-Poissons);

— Vous désirez une union intellectuelle (DS en signes d'Air : Gémeaux-Balance-Verseau);

— Vous désirez une union évolutive ou spirituelle (DS en signes de Feu : Bélier-Lion-Sagittaire).

L'ASPECT D'OPPOSITION ☍

L'aspect d'opposition (180°) précise dans un thème le travail à faire sur soi afin de trouver l'équilibre dans une relation. Il indique un karma relationnel à régler.

Lorsqu'on a une opposition dans son thème, elle implique deux aspects de soi, opposés et complémentaires, qui s'affrontent au lieu de s'associer. Elle implique que l'on s'identifie tantôt à un côté de l'opposition, tantôt à l'autre, ce qui crée un sentiment de dualité. Dans une relation, l'autre nous renvoie le miroir de cette dualité : on a tendance à jouer le rôle de la planète de l'opposition qui est située sous l'horizon (ou autour de la maison I) tandis que l'on attire des partenaires qui jouent le rôle de l'autre planète qui est au-dessus de l'horizon (ou aux alentours de la maison VII).

L'opposition génère :

— le conflit avec autrui si on refuse de voir que ce qu'il nous renvoie de négatif ou de difficile est en fait notre propre problème;

— la connaissance de soi si on se remet en question chaque fois que le problème de l'opposition surgit dans la relation, afin de transformer le comportement égoïste qui est à l'origine du karma de l'opposition.

L'absence d'opposition dans un thème marque la difficulté de comprendre le phénomène « miroir » grâce à ses expériences relationnelles. L'individu concerné peut avoir de multiples relations, reproduire sans cesse les mêmes schémas de comportement et en souffrir sans supposer un seul instant qu'il est à l'origine des problèmes qui se posent. Même s'il travaille sur lui, il aura beaucoup de difficulté à se reconnaître dans ses relations. La compréhension du phénomène « miroir » deviendra une des leçons majeures de son évolution.

Nota Bene : L'interception de l'axe Bélier-Balance génère le même genre de problèmes que l'absence d'opposition. On peut y ajouter le refus de se connaître à travers ses relations et la fuite par peur des remises en question qu'elles demandent.

Illustration du « Miroir »
Les amoureux du Titanic

Étude des thèmes de Leonardo Di Caprio et de Kate Winslet ainsi que de leur Synastrie (voir thèmes pages suivantes).

Le choix de ce couple d'acteurs pour incarner les amants magnifiques, et déjà mythiques, du film *Titanic* qui a bouleversé des millions de spectateurs, n'est évidemment pas un hasard. Chacun d'eux présente dans son propre thème de fortes analogies avec son personnage, Jack pour Leonardo et Rose pour Kate. L'alchimie de leur association, que nous étudierons à travers la

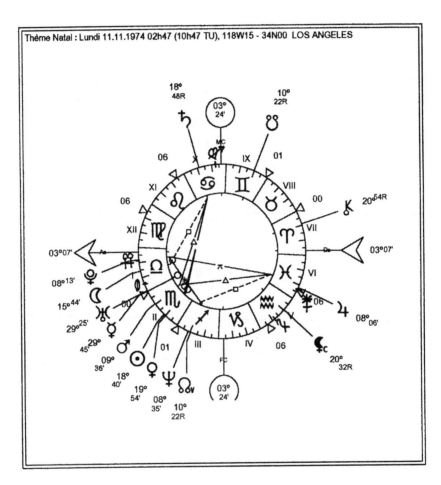

Thème Natal de Leonardo Di Caprio

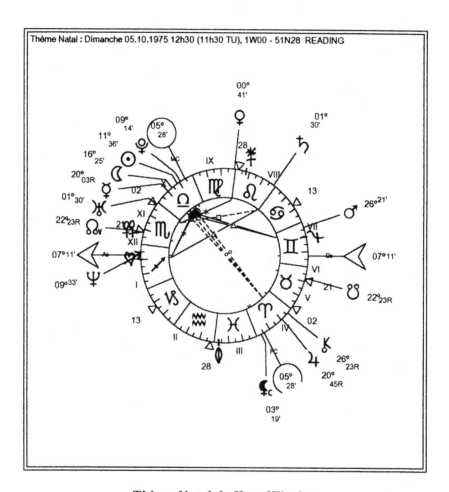

Thème Natal de Kate Winslet

Synastrie ici et le composite (chapitre 8), est parfaite pour incarner cette belle histoire de sacrifice par amour qui a su toucher les cœurs par sa profondeur.

Nous avons choisi leurs thèmes en illustration du chapitre sur le « miroir » car les deux jeunes gens sont très marqués par le signe de la Balance.

THÈME DE LEONARDO DI CAPRIO

Le Soleil et le maître de l'Ascendant Balance, Vénus, sont en Scorpion, d'où l'extraordinaire magnétisme de ce jeune acteur, renforcé par Pluton conjoint à l'astéroïde Sappho (le « sex » symbole) : nous avons affaire à un être passionné, brûlant d'un feu intérieur, ce qui lui donne ce côté envoûtant qui l'a propulsé plus grande star de la planète. Mars et Vénus sont solarisés, combustes au Soleil dans ce signe, créant son charisme lumineux extérieurement (Soleil) et ténébreux intérieurement (Scorpion) qui signe sa personnalité et se retrouve dans son personnage de Jack. Mars et Vénus le destinent ici à la rencontre d'un grand amour passionné dont il ne sort pas indemne.

L'acteur est vénusien par l'importance du signe de la Balance (Ascendant, Pluton, Lune, Mercure, Uranus), signe esthétique et féminin remarquable dans son physique empreint de grâce. Il est marsien par l'importance du signe du Scorpion et nous pouvons supposer qu'il dispose d'une grande force intérieure et de combativité face aux épreuves à condition qu'il ose partir en quête de lui-même en profondeur.

La grande majorité des planètes de ce thème se situent en effet dans le 1er quadrant : Leo a un énorme besoin de découvrir son identité et le grand écran lui sert pour cela de gigantesque miroir.

La relation miroir est une des principales leçons évolutives du bel acteur (l'ascendant Balance) qui a du mal à percevoir qui il est en dehors de toutes les influences de son milieu (Lune carré Saturne). Il ressent également un décalage entre l'image qui lui est renvoyée et ce qu'il éprouve profondément de lui-même. L'absence d'opposition chez lui rend difficile la connaissance de soi par le miroir et son défi est de ne pas se fier aux apparences qui lui sont renvoyées dans le miroir aux alouettes du star-system, reflet de son grand besoin de reconnaissance (qui cache le besoin de se connaître lui-même).

Homme de contrastes, il allie une sensibilité extrêmement féminine et délicate à une maturité précoce et de lourdes respon-sabilités, l'innocence au sérieux (Lune Balance carré Saturne Cancer). Son solide sens des valeurs et sa quête de vérité sont ses meilleurs atouts (Uranus conjoint Mercure en Gémeaux), ainsi qu'une grande recherche d'absolu (Neptune conjoint nœud nord en Sagittaire). Tous ces traits se retrouvent dans le personnage de Jack Dawson : à noter que Neptune est la planète de la mer ! Jupiter en Poissons carré Neptune en Sagittaire représente fort bien la combinaison du dépassement de soi et du milieu aqua-tique, et plus profondément, la capacité de se sacrifier en jouant un rôle de guide ou de protecteur. Ce carré Neptune-Jupiter (les deux planètes étant en mutuelle réception) signe les hautes qualités de compassion, de don de soi et de sacrifice du Jack du *Titanic*, et bien sûr de Leonardo, son interprète, s'il atteint son nœud nord, but de son évolution. Saura-t-il résister à l'épreuve que sa trop grande notoriété lui fait subir et s'appuyer sur ce qui est essentiel pour lui afin de ne pas se noyer et de trouver la liberté intérieure ?

THÈME DE KATE WINSLET

Le stellium que Kate présente en Balance, dont Soleil, Lune et Mercure, lui octroie féminité, élégance, sensualité et sociabilité.

Vénus, maître de ce stellium, est en Vierge, faisant d'elle une icône du féminin au parfum de pureté, soit une parfaite muse capable de susciter le dévouement et l'admiration (l'effet produit par son personnage de Rose sur le héros Jack).

La sensualité associée à une image idéalisée de la femme est soulignée par l'astéroïde Éros conjoint à Neptune à l'Ascen-dant Sagittaire de la jeune actrice. Son ascendant se superpose à la conjonction nœud nord-Neptune de Leonardo, agissant sur lui comme un révélateur et le portant au dépassement de soi (scénario identique dans le film *Titanic*).

Comme Leonardo, Kate a un grand besoin d'idéal et d'évasion (ascendant Sagittaire conjoint Neptune). Son thème porte par le nœud nord en XII et en Scorpion (conjoint au Soleil-Vénus de Leo) une leçon de détachement du quotidien (nœud sud maison VI) par quête d'un absolu (c'est ce que vit le personnage de Rose).

C'est dans le domaine du relationnel que Kate est très vulnérable car elle est extrêmement dépendante sentimentalement et a de fortes attentes par rapport à l'amour (stellium Balance, nœud sud Taureau). L'opposition du stellium à Jupiter en Bélier montre qu'elle est attirée au niveau relationnel par de fortes personnalités pouvant la guider (Jack par rapport à Rose) ou la diriger (le fiancé de Rose, ce qui la porte à la rébellion). Kate Winslet cherche par cet aspect à sentir sa liberté dans la relation et passe par l'alternance de la dépendance et du rejet tant qu'elle ne comprend pas que c'est son besoin d'être aimée qui l'emprisonne. Son conflit intérieur se situe donc entre quête d'amour et quête de liberté, oscillant de l'une à l'autre : dans le film *Titanic*, son personnage vit ce conflit avec désespoir d'abord, puis avec courage. Cependant, sa rédemption passe par l'amour d'un homme car elle a très peur d'être livrée à elle-même (Saturne carré Uranus en signes fixes). Kate a besoin de casser ses structures pour accéder à la liberté.

La plupart de ses planètes sont dans le 4ème quadrant, ce qui montre tout d'abord l'importance d'être reconnue à travers une vie sociale. Ceci indique également l'importance de la précédente vie qui est sous-jacente à celle-ci, très présente encore (maître de maison XII conjoint Soleil). La jeune femme possède d'ailleurs un physique romantique d'un autre temps (elle adore tourner en costumes). Kate a en effet besoin de finir de régler des situations de sa précédente vie pour passer à tout autre chose (besoin de renaissance : Soleil-Pluton). Pluton, maître de XII, en Balance conjoint Soleil, opposé à Jupiter en Bélier maison IV laisse supposer que Kate a pu connaître une possibilité d'union dans sa vie précédente qui s'est écroulée par mort précoce de son compagnon (victime de guerre ?). Ce schéma de l'amour qui ne peut aboutir se retrouve dans la relation de Rose à Jack qui meurt. Kate est donc en attente de vivre pleinement cette relation dont elle fut privée, ce qui contraste avec son grand besoin de liberté et

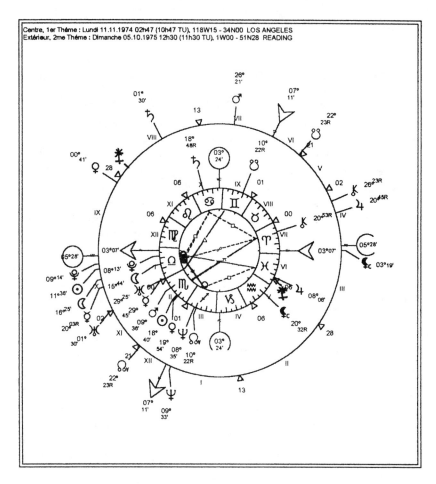

Synastrie de Leonardo Di Caprio et Kate Winslet

d'affirmation de soi (Jupiter-Chiron en Bélier). Il est probable que le film *Titanic* lui a permis d'exorciser son passé, afin de s'acheminer vers une plus grande maîtrise de sa destinée.

SYNASTRIE DE LEONARDO DI CAPRIO ET KATE WINSLET

La superposition de la Lune de Leo avec la conjonction Lune-Mercure de Kate en Balance fait des deux jeunes gens de parfaits miroirs pour leur sensibilité et établit une communication très aisée entre eux; la grande complicité qui les lie (voir aussi nœud sud en Gémeaux en VII dans le composite au chapitre 8) rend leur association idéale dans cette grande histoire d'amour romantique qu'est le film *Titanic*.

Le nœud nord conjoint Neptune de Leo se superpose à l'ascendant Éros de Kate : la jeune femme incarne tout à fait l'idéal féminin et la muse spirituelle de Leo (comme Rose pour Jack). L'aspect sensuel d'Éros apporte un élément séducteur à leur relation qui n'est pas sans servir le film ! D'ailleurs le nœud nord doublé de Sappho (magnétisme sexuel, charisme) chez Kate est conjoint à Soleil-Vénus chez Leo : une forte attirance mutuelle sous-tendait cette relation.

Cette superposition remarquable est en Scorpion et, dans leur film, Jack ira jusqu'à la mort pour arracher Rose à sa sécurité et lui faire vivre une renaissance, accéder à une part plus profonde d'elle-même. Rose y parviendra en traversant l'épreuve de la perte de celui qu'elle aime (Jack).

Le Chiron de Leo est exactement conjoint au Jupiter de Kate : il est clairement montré que Leonardo-Jack joue pour Kate-Rose le rôle de son Ange gardien, de son guide protecteur. De plus, le Chiron de Leo est en VII et celui de Kate en IV conjoint Jupiter, ce qui indique que le personnage-guide de Jack joue de sa relation pour aider la jeune femme à s'affranchir de sa famille et s'envoler vers sa propre destinée.

Leur complémentarité dans la quête de liberté et d'identité grâce au miroir relationnel est clairement montrée ici; d'ailleurs tous deux ont Jupiter et Saturne mis en valeur par les carrés et les oppositions de leurs thèmes respectifs, le besoin d'expansion et de découverte allié à la capacité à s'auto-déterminer et la maturité. Ils s'entraident pour acquérir leur indépendance vis-à-vis de leur milieu respectif.

Kate comme Leonardo a une Vénus et un Mars très bien aspectés, ce qui facilite la relation et les porte à devenir des modèles en ce domaine.

La partenaire idéale de Leo (Junon) serait une femme Poissons (l'élément « eau » le fascine) et Kate a l'astéroïde Amor exactement au même degré (elle a également Neptune à l'ascendant, maître des Poissons). Cette histoire d'un amour idéal sur pellicule se poursuivra peut-être dans la réalité de leur vie suivante, car elle répond à une quête profonde d'un amour qui porte à se transcender et qui existe chez chacun des deux jeunes acteurs...

Chapitre 3

Les aptitudes relationnelles (1)
Bases

Établir une Synastrie consiste à comparer les cartes du ciel de deux personnes pour déterminer leur possibilité d'entente à tous les niveaux. Le type de Synastrie que l'astrologue réalise le plus souvent est la comparaison sentimentale entre deux individus de sexe opposé et d'âge approprié pour définir s'il y aura entente et durabilité de la relation. Mais une Synastrie peut être effectuée pour une comparaison parent/enfant, professeur/élève, thérapeute/patient, patron/employé, pour deux amis ou pour toute autre forme de relation pouvant se créer.

Avant d'étudier la Synastrie (du grec *sun* qui signifie « avec », « ensemble », et *astron*, « astre », c'est-à-dire astres mis ensemble pour les comparer), il faut interpréter chaque thème individuellement. En effet, il est fondamental de comprendre qu'une relation s'exprime par rapport au psychisme de base de chaque individu.

Une personne en paix intérieurement, capable d'exprimer pleinement ses émotions, ses pensées, ses sentiments et de les mettre en pratique sur le plan physique sans aucun blocage (une telle personne représente un idéal) vit des relations épanouissantes et harmonieuses. À l'inverse, une personne frustrée, mal à l'aise avec l'expression de ses sentiments, bloquée dans celle de ses dons, ne peut vivre que des relations conflictuelles et inharmonieuses car elle attire inconsciemment le type de partenaire sur lequel elle peut projeter ses propres problèmes. Il en résultera une réaction conflictuelle et inharmonieuse de la part du partenaire.

En revanche, plus vous travaillerez sur vous-même afin de créer à l'intérieur de votre être un état de paix, d'équilibre et d'harmonie, plus vous aurez la possibilité de rencontrer un partenaire avec lequel vous pourrez vivre cet équilibre et cette harmonie. Le secret du bonheur n'est pas à l'extérieur mais à l'intérieur de soi. Toutes les personnes qui courent après un bonheur extérieur fait d'amour et de richesse ne comprennent pas que ce bonheur court à leur côté et qu'il ne demande qu'à s'éveiller au fond de leur cœur.

C'est ce que démontre l'astrologie en révélant qu'à tout état intérieur de l'être, à tout comportement, à toute qualité, correspondent une rencontre et/ou un événement potentiels en rapport direct avec la qualité de l'état intérieur. Cela constitue la base analogique de l'astrologie. Si vous souhaitez avoir de bonnes relations avec autrui commencez par construire de bonnes relations avec vous-même. Si vous voulez une transformation positive de vos relations, commencez par vous transformer vous-même. Alors vous verrez votre « paysage » relationnel changer. Vous perdrez de vue certains amis, certaines relations, et vous en rencontrerez d'autres qui correspondront mieux à votre nouvel état l'esprit, à votre nouvelle qualité intérieure d'être. Nous avons eu l'occasion de vérifier ce phénomène de nombreuses fois.

Avant de comparer deux thèmes pour une Synastrie, nous jaugeons les prédispositions relationnelles de chaque individu. Ce sera l'objet du présent chapitre.

Les symboles astrologiques et la relation

Outre le signe de la Balance ♎, la maison VII et l'aspect d'opposition ☍ présentés comme les principaux significateurs du « miroir » relationnel au chapitre 2, nous pouvons cerner le potentiel relationnel d'un individu à travers les symboles astrologiques suivants : les couples Soleil-Lune et Vénus-Mars, leur position en éléments, la planète Vénus C en particulier, la Lune noire. Quelques éclairages supplémentaires intéressants sont indiqués par l'astre éclaireur et les astéroïdes typiquement relationnels...

Les polarités planétaires

Dans toute relation, et principalement dans les relations sentimentales, les planètes les plus agissantes sont le Soleil et la Lune d'une part, et Vénus et Mars d'autre part. En effet, ces astres constituent deux couples, des polarités :

- Le Soleil est le pôle masculin qui s'oppose à la Lune qui est le pôle féminin, et se complète à travers elle;

- Mars est le pôle masculin qui s'oppose à Vénus qui est le pôle féminin, et se complète à travers elle.

Chez tout individu coexistent les deux pôles masculin et féminin.

Si vous êtes un homme, c'est le pôle masculin qui s'exprime le plus consciemment (Soleil/Mars) alors que le pôle féminin reste plus ou moins inconscient et plus ou moins utilisé.

Si vous êtes une femme, c'est le pôle féminin qui s'exprime le plus consciemment (Lune/Vénus) alors que le pôle masculin reste plus ou moins inconscient et plus ou moins utilisé.

Théoriquement, tout homme s'exprime principalement par son Soleil et par son Mars et cherche une partenaire qui exprime sa Lune et sa Vénus (selon leurs positions en signes, en maisons et leurs aspects); et toute femme s'exprime principalement par sa Lune et par sa Vénus et cherche un partenaire qui exprime son Soleil et son Mars selon leurs positions en signes, en maisons et leurs aspects.

C'est pour cette raison que dans les livres classiques d'astrologie il est dit que le Soleil représente le conjoint potentiel dans le thème d'une femme et que la Lune représente la conjointe potentielle dans le thème d'un homme. En vérité, ce n'est pas aussi simple.

Dans notre société en pleine mutation, les hommes développent de plus en plus leur part féminine (Lune/Vénus) et les femmes développent de plus en plus leur part masculine (Soleil/Mars). Si, en outre, un aspect spirituel s'éveille chez l'individu, nous pouvons tenir compte d'Uranus en tant que significateur de l'homme spirituel et de Neptune en tant que significateur de la femme spirituelle.

Si vous êtes en présence de la carte du ciel d'un homme et que vous souhaitez connaître son type de femme idéale, vous devez examiner :

- Sa Lune (sa position en signe et ses aspects) qui indique le type de femme qui reflète sa propre féminité intérieure inconsciente (sa « femme intérieure ») et qui correspond profondément à sa sensibilité.

- Sa Vénus (sa position en signe et ses aspects) qui révèle le type de femme qui l'attire extérieurement, le séduit au niveau sensuel, physique.

- Son Neptune (sa position en signe et ses aspects) qui montre ce qu'il souhaite partager au niveau spirituel.

Si vous êtes en présence de la carte du ciel d'une femme et que vous souhaitez connaître son type d'homme idéal, vous devez examiner :

- Son Soleil (sa position en signe et ses aspects) qui indique le type d'homme qui reflète sa propre masculinité intérieure inconsciente (son « homme intérieur ») qui correspond profondément à son individualité.

- Son Mars (sa position en signe et ses aspects) qui révèle le type d'homme qui l'attire extérieurement, la séduit sur le plan physique et instinctif.

• Son Uranus (sa position en signe et ses aspects) qui montre ce qu'elle souhaite partager au niveau spirituel.

En ajoutant l'étude de Mercure dans les deux types de thème, qui correspond à la communication et au plan mental, nous avons les quatre plans qui renvoient aux quatre éléments :

• Mars ou Vénus pour le plan physique = Terre;

• Soleil ou Lune pour le plan psychique = Eau;

• Mercure pour le plan mental = Air;

• Uranus ou Neptune pour le plan spirituel = Feu.

Le (ou la) partenaire attiré(e) correspondra à l'une ou l'autre de ces planètes dans notre thème selon le type de relation recherchée (physique, psychique, mentale ou spirituelle) et bien sûr souvent à plusieurs d'entre elles. Une relation « idéale » réunirait tous ces plans à la fois !

L'aptitude aux relations

Comme nous l'avons souligné plus haut chaque individu rencontre le type de partenaire qui correspond à sa part masculine (si c'est une femme) ou à sa part féminine (si c'est un homme).

Vous devez surtout étudier soigneusement le Soleil, la Lune, Vénus et Mars dans toute carte du ciel pour déterminer si telle ou telle personne est apte à entretenir des relations harmonieuses.

• Un homme ayant des aspects dynamiques ou stressants (carré, opposition ou quinconce) entre son Soleil et son Mars ne sera pas à l'aise avec l'expression de sa virilité, de ses qualités masculines, d'où risques de heurts lorsqu'il projettera ses problèmes sur ses partenaires. Une femme ayant des aspects dynamiques ou stressants entre sa Lune et sa Vénus ne sera pas à l'aise avec l'expression de sa féminité, d'où risques de heurts lorsqu'elle projettera ses problèmes sur ses partenaires. Cela constitue un premier niveau d'évaluation des prédispositions relationnelles.

• Un homme ayant des aspects stressants entre sa Lune et sa Vénus ne sera pas à l'aise avec l'expression de sa part féminine qu'il aura tendance à rejeter, d'où conflits avec les femmes qui représentent inconsciemment pour lui les qualités qu'il refuse de développer. Une femme ayant des aspects stressants entre son Soleil et son Mars ne sera pas à l'aise avec l'expression de sa part masculine qu'elle aura tendance à rejeter, d'où conflits avec les hommes qui représentent inconsciemment pour elle les qualités qu'elle refuse de développer.

Cela constitue le deuxième niveau d'évaluation des prédispositions relationnelles.

Les éléments

Pour tracer un portrait type de votre partenaire idéal(e), vous pouvez utiliser les éléments. En effet, nous pouvons associer aux 4 éléments les 4 types de tempéraments (ainsi que les 4 ethers[1]).

• L'élément feu est associé au tempérament colérique;

• L'élément air est associé au tempérament sanguin ou nerveux;

• L'élément eau est associé au tempérament flegmatique;

• L'élément terre est associé au tempérament mélancolique.

---

1. Pour plus d'informations sur les 4 tempéraments reliés aux 4 éléments et aux 4 éthers, consulter le livre du même auteur chez le même éditeur *L'expérience du Christ,* chapitre 3.

Comme nous l'avons vu plus haut, dans le thème d'un homme, ce sont principalement les planètes Vénus et Lune qui montrent le type de femme qu'il attire et dans le thème d'une femme, ce sont principalement les planètes Mars et Soleil qui montrent le type d'homme qu'elle attire.

Que se passe-t-il vraiment ? Un homme porte sa masculinité (Soleil, Mars) dans son corps physique, ce qui est le plus extérieur et visible; il porte sa féminité (Lune, Vénus) dans son corps éthérique, c'est-à-dire le corps spirituel qui sous-tend le corps physique, sa nature intérieure et invisible. À l'inverse, la femme porte sa féminité (Lune, Vénus) dans son corps physique et sa masculinité (Soleil, Mars) dans son corps éthérique. Le corps éthérique est le corps qui porte toutes nos motivations inconscientes, c'est un corps magnétique qui attire à lui de l'extérieur ce dont il est constitué intérieurement (d'où le phénomène « miroir » présenté au chapitre 2). Ainsi on attire un(e) partenaire qui reflète notre corps éthérique, notre part intériorisée, invisible, inconsciente afin de nous permettre de la voir.

Si vous étudiez le thème d'un homme, vous déterminez dans quel élément se situent ses planètes féminines (Lune, Vénus); si vous étudiez le thème d'une femme, vous déterminez dans quel élément se situent ses planètes masculines (Soleil, Mars); vous aurez ainsi une image de sa part intériorisée et du type de tempérament du partenaire qui la lui reflétera le mieux :

- Si elles se situent en Feu (Bélier-Lion-Sagittaire), cet individu cherche un partenaire de tempérament plutôt colérique c'est-à-dire affirmé, combatif, dynamique, enthousiaste, inspiré, volontaire, ambitieux, spirituel, passionné, créateur, ardent, sportif, optimiste et aventurier;

- Si elles se situent en Air (Gémeaux-Balance-Verseau), cet individu cherche un partenaire de tempérament plutôt sanguin c'est-à-dire curieux, mobile, cultivé, intellectuel, social, rationnel, communicateur, altruiste, raisonneur, penseur, philosophe, moderne, à l'esprit vif;

- Si elles se situent en Eau (Cancer-Scorpion-Poissons), cet individu cherche un partenaire de tempérament plutôt flegmatique c'est-à-dire intériorisé, tranquille, sentimental, sensible, émotif, intuitif, inspiré, créateur, passionnel, romantique, mystérieux, secret, imaginatif et spirituel;

- Si elles se situent en Terre (Taureau-Vierge-Capricorne), cet individu cherche un partenaire de tempérament plutôt mélancolique c'est-à-dire intériorisé, matérialiste, stable, maître de lui, sécurisant, pratique, concret, responsable, serviable, organisé, méthodique, endurant, besogneux et ayant les pieds sur terre.

La leçon de la planète ♀

Vénus est la planète qui régit le sentiment et le signe de la Balance. Elle indique comment nous entrons en relation avec autrui et le degré d'harmonie que nous savons instaurer entre nous-mêmes et l'extérieur.

La leçon de Vénus est capitale en astrologie relationnelle : bien aspectée, elle nous porte à la fraternité, au partage et à l'écoute vis-à-vis d'autrui; mal aspectée ou inaspectée, elle met en évidence un problème qui nous incite à voir en quoi notre égoïsme rend nos relations difficiles.

Quoi qu'il en soit, en Astrologie Holistique, nous considérons que les aspects difficiles sont évolutifs et que s'ils existent dans un thème, c'est parce que l'individu est prêt à y être confronté. Une Vénus « conflictuelle » apportera souvent un dépassement de soi par rapport à l'amour qui mènera à une plus grande ouverture du cœur qu'une Vénus conciliante, mais passive.

Par sa position en signes, Vénus nous révèle la nature du travail à faire et des qualités à développer pour progresser vers une meilleure relation :

➤ **Vénus en Bélier :** Développer l'autonomie, l'indépendance et l'individualisation dans la relation. S'affirmer tout en respectant le point de vue d'autrui.

➤ **Vénus en Taureau :** Devenir conscient de sa possessivité affective et matérielle dans la relation et travailler à se détacher de ses attentes vis-à-vis d'autrui. Apporter beauté et sens artistique.

➤ **Vénus en Gémeaux :** Exprimer ses sentiments et développer sa communication dans la relation. Clarifier ses pensées afin de se faire comprendre de l'autre, être à son écoute et accueillir son point de vue.

➤ **Vénus en Cancer :** Maîtriser l'expression de ses émotions, soit refoulées, soit déversées à l'excès, dans la relation. Développer la réceptivité et la douceur.

➤ **Vénus en Lion :** Partager sa créativité avec autrui. Travailler l'authenticité. Apprendre à donner sans attente de reconnaissance.

➤ **Vénus en Vierge :** Développer le service envers autrui ou une collectivité. Cultiver l'humilité et l'oubli de soi.

➤ **Vénus en Balance :** S'ouvrir au phénomène « miroir » dans la relation afin de se connaître et de connaître l'autre tel qu'il est (au-delà de ses propres projections sur lui).

➤ **Vénus en Scorpion :** Associer amour du cœur et sexualité. Transformer son comportement relationnel égoïste en renonçant à contrôler ou manipuler autrui. Leçons par rapport au détachement (choisi ou apporté par la destinée).

➤ **Vénus en Sagittaire :** S'ouvrir à une conscience plus philosophique, voire même spirituelle, dans son vécu relationnel. Associe enseignement et amour. Ne pas chercher à convaincre.

➤ **Vénus en Capricorne :** Accepter de se confronter à la solitude intérieure afin de se renforcer et de devenir plus autonome. Tirer des leçons de toutes ses expériences relationnelles afin de mûrir.

➤ **Vénus en Verseau :** Expérimenter la liberté dans l'amour en expérimentant différentes formes pour chacune de ses relations. Associe fraternité et amour. Rester toujours ouvert à la nouveauté.

➤ **Vénus en Poissons :** Expérimenter le sacrifice d'une part de soi par amour. Apprendre à voir en l'autre sa nature spirituelle. Ouvrir à autrui son monde intérieur et sa sensibilité.

La lune noire ⚸
ou blessure affective

La Lune noire est un élément important à considérer en astrologie relationnelle car elle marque une profonde blessure émotionnelle au niveau du corps astral, corps du sentiment, et perturbe donc l'affectif.

La Lune noire rappelle en chacun « La Chute », c'est-à-dire la séparation d'avec le Monde spirituel que l'être humain a commencé à vivre il y a 200 millions d'années; avant la Chute, l'être humain était en symbiose avec le Monde spirituel dans un état paradisiaque, il se sentait entièrement pris en charge ; la Chute a occasionné pour l'être humain la coupure d'avec le « Père » (Monde spirituel) et la tentation par Lucifer qui a généré les désirs égoïstes, la culpabilité, la mort et la souffrance. Comme chaque être humain récapitule dans son développement toute l'histoire de l'humanité, il revit la Chute en lui durant les trois premières années de sa petite enfance : c'est ce qu'on appelle la « blessure d'enfance » ou « Lune noire » en astrologie.

La Lune noire laisse une empreinte négative dans le corps astral qui fait ressentir la souffrance de la séparation, assortie d'un sentiment de culpabilité et de colère. Elle se vit de manière individualisée pour chacun et, étant très profondément enfouie dans l'inconscient, la Lune noire ne peut être vraiment perçue que par le travail sur soi[2]. Cependant, sa position dans le thème natal aide à la comprendre. Dans le secteur où elle se trouve et aux planètes qu'elle aspecte, la Lune noire apporte confusion, dissension et autodestruction. Elle représente dans tous les cas une faille affective qui suscite un égoïsme forcené et un sentiment d'échec ; se mettant en travers d'une relation, elle n'a de cesse de la détruire.

Essayons de voir quelle coloration inconsciente elle apporte à notre vécu relationnel en fonction de son signe :

➤ **Bélier :** Vous refoulez une grande colère et une agressivité qui peuvent surgir brutalement dans vos relations, à travers un violent rejet d'autrui et un égocentrisme buté.

➤ **Taureau :** Vous êtes dépendant à l'excès de certains désirs matériels ou attachements personnels qui vous aident à masquer votre peur du vide et de la solitude.

➤ **Gémeaux :** Vous avez peur de vous exprimer car vous êtes persuadé que les autres ne peuvent pas vous comprendre. Pensée coupée du ressenti intérieur, créant des difficultés de communication.

➤ **Cancer :** Vous cherchez à vous faire prendre en charge ou à prendre les autres en charge pour recréer une illusoire relation symbiotique et sécurisante avec autrui.

➤ **Lion :** Vous éprouvez un grand besoin de reconnaissance qui vous pousse à vous mettre constamment en valeur dans vos relations. Inauthenticité.

➤ **Vierge :** Vous cherchez toujours des motifs d'insatisfaction dans vos relations, analysant les défauts d'autrui, ergotant sur des détails, élaborant un méthodique travail de sape.

➤ **Balance :** Vous ne croyez pas à la relation et à la possibilité de vivre une entente harmonieuse avec autrui. Vous êtes pourtant obsédé par la quête de l'âme sœur, que vous vous refusez à la fois.

---

2. À propos du travail sur l'enfance, voir le livre *Enfance et spiritualité* de Marie-Pascale Rémy, même éditeur.

➤ **Scorpion :** Vous avez une image très négative de la sexualité, soit que vous refusiez de la vivre, soit que vous l'utilisiez pour manipuler les sentiments d'autrui.

➤ **Sagittaire :** Vous ressentez une division inconciliable entre votre pensée et votre nature animale; vous rejetez toujours l'une pour l'autre, ce qui vous porte à des excès.

➤ **Capricorne :** Votre insécurité profonde vous fait douter de tout ce que vous entreprenez avec autrui. Vous cultivez un sentiment de supériorité afin de vous protéger.

➤ **Verseau :** Vous détestez le changement, le mouvement, l'inconnu. Vous ne trouvez pas votre place parmi les autres et doutez toujours de l'avenir dans vos relations.

➤ **Poissons :** Vous êtes obsédé par la peur d'être abandonné et entretenez un sentiment de victime dans vos relations. Vous avez tendance à idéaliser l'amour et à le fuir au quotidien.

Le comportement « Lune noire » rend tout individu très égoïste; pour le transformer dans la relation, il faut développer en soi un état d'esprit responsable et fraternel afin d'accorder plus d'importance à autrui qu'à soi-même. Il faut tendre à donner de soi plutôt qu'à prendre chez autrui ce dont on a besoin. La Lune noire pousse au dépassement de soi par la souffrance qu'elle occasionne.

L'astre éclaireur

Pour déterminer la personnalité d'un individu et son potentiel relationnel, il est important d'interpréter globalement son thème (d'une manière holistique).

Mais vous pouvez avoir un rapide aperçu de l'énergie principale qui sous-tend la personnalité de quelqu'un en cherchant son astre éclaireur appelé également « planète scout ».

Cette planète est celle qui se lève juste avant le Soleil, à votre naissance, c'est-à-dire celle qui précède votre Soleil, sur votre carte du ciel, dans l'ordre des signes. Elle peut se situer dans le même signe que votre Soleil mais à un degré inférieur (par exemple, votre Soleil est à 15° d'un signe et votre planète scout se trouve à 8° du même signe), ou dans un signe précédent (par exemple, votre Soleil est en Lion et votre planète scout est en Cancer).

Nota Bene : Si vous avez une planète après le Soleil mais étroitement conjointe à lui (moins de trois degrés d'orbe), prenez-la comme planète scout.

L'astre éclaireur, ou planète scout, peut être n'importe laquelle des neuf planètes habituelles (puisque le Soleil ne peut pas se précéder lui-même !). La planète scout est celle qui donne de vous une image qui colore fortement votre personnalité. Autrui vous perçoit généralement à travers le filtre de l'astre éclaireur. Il influence toutes les personnes que vous rencontrez en leur apportant une première impression de vous. Il peut signifier aussi un don ou talent particulier que vous ressentez parfois comme une vocation.

Voici la signification des neuf planètes lorsqu'elles se trouvent en position d'astre éclaireur (ou planète scout).

➤ **Lune, le type émotif :** Les autres vous voient comme une personne très sensible, susceptible, imaginative, ayant besoin de sécurité et très instinctive. Vous êtes une sorte de miroir qui réfléchit ceux qu'il rencontre. Vous devez apprendre à maîtriser votre nature émotive.

➤ **Mercure, le type penseur :** Les autres vous ressentent comme quelqu'un de réfléchi dont les premiers intérêts sont intellectuels. Vous êtes un observateur détaché dans vos relations. Vous êtes généralement un bon psychologue. Parfois on vous juge comme trop superficiel. Vous êtes capable de trouver une solution rationnelle à n'importe quel problème. Dons pour la communication, le conseil, les conférences et/ou l'écriture.

➤ **Vénus, le type sentimental :** Les autres vous perçoivent comme quelqu'un de très sociable, charmant, pacifique et plein de tact. Vous recherchez toujours la beauté, l'harmonie et des relations romantiques. Vous êtes diplomate et idéaliste. Vous attachez beaucoup d'importance au côté esthétique de toute situation. Parfois, vous possédez des dons artistiques.

➤ **Mars, le type décideur :** Les autres vous ressentent comme un fonceur qui agit et prend des risques en déployant beaucoup d'énergie pour la satisfaction de ses désirs. Toute situation ou relation représente, pour vous, un défi. On vous perçoit comme sexuellement agressif (parfois, sex-symbol !). Vous devez apprendre à vous contrôler pour utiliser au mieux votre puissante énergie. Attention à vos accès de colère qui peuvent vous porter préjudice. Parfois, dons pour le sport.

➤ **Jupiter, le type optimiste :** Les autres vous voient comme un bon vivant qui exprime sa joie de vivre avec spontanéité. Vous aimez la vérité et la justice. Vous êtes généralement quelqu'un de très positif, sincère et honnête. Vous êtes tolérant et vos relations se déroulent bien si vous maîtrisez votre trop grande autosatisfaction et vos tendances à l'excès.

➤ **Saturne, le type taciturne :** Les autres vous ressentent comme quelqu'un d'extrêmement prudent et secret dans ses relations. Vous avez toujours besoin de tester les gens que vous rencontrez. Vous prenez l'amour trop au sérieux et cela peut bloquer vos sentiments. Vous faites l'erreur de croire que les gens doivent toujours rester tels que vous les imaginez. Mais la vie et les gens changent et évoluent. Soyez plus tolérant. Parfois, dons de chercheur, d'enseignant ou d'historien.

➤ **Uranus, le type idéaliste :** Les autres vous voient comme un individu non conventionnel et idéaliste. Vous n'aimez pas vous lier à une personne, à une idéologie ou à une croyance. On vous trouve extrémiste, rebelle, susceptible et extravagant. Vous êtes original et à la pointe de la mode et du progrès. Vous aimez les changements, la nouveauté. Dons d'invention, d'intuition et de magnétisme.

➤ **Neptune, type mystique :** Les autres voient quelque chose de fascinant en vous qui les attire irrésistiblement (glamour). Vous dégagez une aura de séduction et de mystère qui intrigue votre entourage. Vous pouvez être engagé dans une voie spirituelle où vous déployez votre sensibilité et votre intuition. Parfois, dons pour la musique ou dons psychiques. Vous êtes à la recherche de l'âme sœur car, pour vous, l'amour doit être aussi spirituel que sentimental.

➤ **Pluton, type alchimiste :** Les autres vous perçoivent comme un individu disposant d'une puissante énergie qu'ils peuvent ressentir comme sexuelle ou magnétique. Vous êtes toujours en train de déployer une grande énergie. Vous souhaitez contrôler toute situation. Vous essayez de transformer tout ce (tous ceux) que vous approchez. Vos relations sont passionnelles et apportent des mutations à votre personnalité. Vous êtes possessif et parfois vous recherchez une forme de pouvoir. Dons magnétiques et dons d'analyse.

Vous pouvez éventuellement retenir Chiron comme planète scout. Vous lui donnerez alors l'interprétation suivante :

➤ **Chiron, le type guide :** Les autres vous ressentent comme quelqu'un qui est hors des conventions, comme un individu qui a toujours des idées et un comportement qui lui sont totalement personnels. Vous avez la possibilité de trouver des solutions à toute situation grâce à une vision globale de celle-ci. Dons pour la guérison et/ou pour guider autrui.

Les astéroïdes relationnels

Les astéroïdes sont d'innombrables petites planètes situées entre Mars et Jupiter, vestiges d'une planète qui éclata dans un lointain passé et dont la découverte remonte au début du XIXᵉ siècle. Les astéroïdes reconnus comme significatifs d'un point de vue relationnel sont principalement : Junon, Sappho, Éros, Amor et Psyché.

L'étude des astéroïdes est amusante et intéressante, mais ils ne doivent en aucun cas se substituer à une analyse relationnelle complète et sérieuse. Ils apportent un « plus », viennent confirmer, préciser ou accentuer des connexions entre les partenaires. Ils constituent des indices supplémentaires.

On peut étudier les astéroïdes :

- Dans un thème individuel;

- Dans une Synastrie (chapitre 5);

- Dans un composite (chapitre 7).

Dans tous les cas, ils ne sont significatifs que lorsqu'ils se superposent à un élément clé du thème tel que planète, cuspide de maison cardinale (I, IV, VII, X), Lune noire, Chiron, part de fortune, etc. L'orbe de conjonction à retenir avec un astéroïde est de 1 à 3°, donc très précise.

Vous trouverez dans la bibliographie les références de deux ouvrages (américains) contenant notamment les éphémérides des cinq principaux astéroïdes relationnels que nous vous présentons dans ce livre.

Voici quelques éléments concernant ces astéroïdes relationnels, dans un thème individuel. Seule l'interprétation de Junon sera étudiée en détail.

JUNON : MARIAGE, UNION LÉGALE ✷

Il est l'indicateur du mariage ou de toute forme de relation ayant une forme « légale » (partenariat en affaires, patron-employé, etc.). Junon apporte un caractère social à la relation, une dépendance vis-à-vis d'un contrat, de règles collectives, d'une autorité extérieure, etc. Il demande que la relation, quelle qu'elle soit, ait un « foyer », un endroit défini où elle sera principalement vécue.

Sa position en signe décrit votre partenaire légal idéal et montre comment vous espérez qu'il se comporte.

INTERPRÉTATION DE JUNON
DANS LES DIFFÉRENTS SIGNES

➤ **Bélier :** Vous recherchez un conjoint fort, actif, dominateur, qui saura diriger votre existence. Il y aura une lutte constante entre vous et votre partenaire. Vous aimez les défis dans l'union et les heurts vous stimulent.

➤ **Taureau :** Vous recherchez un conjoint stable, solide et terre-à-terre, matérialiste, sérieux et pratique. Vous avez besoin d'une sécurité matérielle dans l'union. Votre conjoint est possessif et jaloux. Sensualité.

➤ **Gémeaux :** Vous recherchez un conjoint avec lequel vous pouvez partager des intérêts intellectuels. Vous avez besoin d'un ami ou d'un interlocuteur plus que d'un conjoint. Vous pouvez le rencontrer dans un milieu d'étude ou d'écriture.

➤ **Cancer :** Vous recherchez un partenaire très « famille » qui souhaite fonder un foyer traditionnel et qui accepte les responsabilités familiales. Vous le voulez romantique et émotif avec beaucoup d'imagination. Le plan de la sensibilité est capital pour vous.

➤ **Lion :** Vous recherchez un partenaire brillant, créateur, artiste et généreux. Vous aimez admirer votre partenaire. Vous concevez votre mariage comme un éternel flirt. Vous avez besoin d'un partenaire démonstratif. Vous voulez un mariage éblouissant. Importance des apparences.

➤ **Vierge :** Vous recherchez un conjoint discret, organisé, méthodique et précis. Vous avez besoin de quelqu'un capable de vous épauler dans votre vie quotidienne. Vous pouvez le rencontrer par le biais de votre travail.

➤ **Balance :** Vous recherchez un conjoint artiste, intelligent, sociable et qui vous apporte un équilibre. Vous souhaitez l'harmonie dans le mariage et le partage total. Vos rapports conjugaux sont plus intellectuels et esthétiques que physiques. Vous souhaitez l'égalité dans l'union et vous respectez les traditions. Importance du charme et de la beauté physique.

➤ **Scorpion :** Vous recherchez un conjoint mystérieux, envoûtant, magnétique et très sensuel. Votre communication est très intime et sensible. Vous aimez partager des secrets avec votre partenaire. Vous aimez étudier les sujets ésotériques avec lui. La sexualité occupe une place importante dans vos rapports conjugaux. Magnétisme attractif puissant.

➤ **Sagittaire :** Vous recherchez un conjoint optimiste, bon vivant, évolué spirituellement, avec lequel vous partagerez une même quête et ferez des voyages. Vous avez besoin de liberté, d'espace et d'indépendance dans le couple. Vous vous intéressez à l'ésotérisme. Parfois, votre conjoint est étranger.

➤ **Capricorne :** Vous recherchez un partenaire sérieux ayant le sens du devoir et des responsabilités. Vous souhaitez une union durable. Parfois, vous cherchez un partenaire plus âgé ou, tout au moins, qui exprime une grande maturité. Vous voulez quelqu'un de discret.

➤ **Verseau :** Dans cette position, l'union légale n'est pas favorisée. Vous recherchez un partenaire qui soit votre ami plus que votre conjoint. Vous êtes extrémiste et vous cherchez quelqu'un à admirer. Vous avez besoin d'une grande liberté. Vous pouvez rencontrer votre partenaire dans le cadre d'actions humanitaires.

➤ **Poissons :** Vous recherchez un conjoint sensible, sentimental, tendre avec lequel vous partagerez votre jardin secret. Vous l'aimez inspiré, intuitif, créateur et compatissant. Recherches spirituelles et/ou ésotériques avec votre conjoint.

La position en maison de Junon vous indique dans quel secteur de votre vie vous rencontrerez votre conjoint légal, ou quel domaine sera le plus attractif pour vous chez lui.

INTERPRÉTATION DE JUNON
DANS LES DIFFÉRENTES MAISONS

- **Maison I :** Votre partenaire reflète l'image que vous avez de vous-même.

- **Maison II :** Vous êtes séduit par les aptitudes financières de votre partenaire et par son sens des valeurs.

- **Maison III :** Vous êtes attiré par ses connaissances intellectuelles et une excellente communication s'installe entre vous. Études communes.

- **Maison IV :** Votre partenaire vous apporte une grande stabilité émotionnelle, il séduit votre famille et vous vous sentez en sécurité avec lui.

- **Maison V :** Vous êtes attiré par les dons créateurs et les ambitions de votre partenaire. Vous avez besoin de l'admirer et de partager un côté créatif avec lui.

- **Maison VI :** Vous êtes séduit par le sens du devoir et des responsabilités de votre partenaire. Vous aimez travailler avec lui.

- **Maison VII :** Vous êtes attiré par un partenaire artiste, intelligent et qui sait vous guider dans la vie sociale.

- **Maison VIII :** Vous êtes séduit par un partenaire sensuel, disposant d'un grand magnétisme et possédant un charme plein de mystère. Parfois, retrouvaille karmique.

- **Maison IX :** Vous êtes attiré par un partenaire aventurier, aimant les voyages, et/ou par un ésotériste et spiritualiste qui vous guide.

- **Maison X :** Vous pouvez travailler pour votre partenaire et admirer sa réussite sociale. Vous recherchez quelqu'un de reconnu socialement.

- **Maison XI :** Vous êtes attiré par un partenaire qui est surtout votre ami et qui est très indépendant.

- **Maison XII :** Vous êtes séduit par un partenaire inspiré, créateur et mystérieux avec lequel vous partagez une recherche intérieure. Vous recherchez le prince – ou la princesse – charmant(e).

SAPPHO : ATTIRANCE SEXUELLE ♀

Sappho est un astéroïde représentant l'attirance sexuelle purement instinctive. Il symbolise le comportement et les besoins sexuels. Sappho, dans un thème individuel, montre la vie sexuelle surtout si celle-ci s'exprime à travers plusieurs partenaires. C'est aussi un symbole de magnétisme, de charisme.

Sappho est un astéroïde purement sexuel et non sentimental. Ses signes de prédilection sont le Bélier, le Taureau, le Lion et le Scorpion. Lorsque Sappho transite votre Sappho natal ou Vénus, Mars, la Lune ou le Soleil, cela montre une possibilité de rencontre sexuelle.

ÉROS : DÉSIR, PASSION ♈

L'astéroïde Éros représente le désir, la passion, le coup de cœur ou le coup de foudre. La position d'Éros dans une carte du ciel indique un secteur de vie où l'individu peut être frappé par la passion, amoureuse ou autre. Éros n'est pas rationnel, il symbolise un attrait subit et non contrôlable. Éros montre un coup de foudre aussi bien pour une personne que pour un paysage, un objet d'art ou un livre. Dans le thème, il montre le domaine où on nourrit le plus d'illusions romantiques.

AMOR : GRAND AMOUR, COMPLÉMENTARITÉ ☽

L'astéroïde Amor est l'indice d'un grand amour romantique, d'une reconnaissance immédiate et intérieure de l'autre (et non le coup de foudre). Il symbolise la recherche de l'absolu et de la pureté dans l'amour. Il représente le fait d'être parfaitement à l'aise naturellement avec un(e) partenaire. Il indique des relations pleines de chaleur et d'harmonie évidente. Il est plus mature qu'Éros.

Amor se superposant dans un thème individuel à une autre planète montre qu'à travers cette dernière, l'individu Amor est capable de faire couler son flot d'amour. Lorsque Amor se trouve en Maison I ou en conjonction avec la Lune ou le Soleil, il indique des dons de guérison et des qualités de compassion.

Le signe de prédilection d'Amor est les Poissons.

PSYCHÉ : AMOUR SPIRITUEL ⅄

Astéroïde symbolisant l'amour spirituel du cœur, une sensibilité extrême, un ressenti profond; il révèle souvent des dons psychiques (guérison, télépathie, ressenti de l'autre, etc.).

Selon ses aspects, Psyché peut faciliter la connexion de l'individu avec son « soi spirituel » ou Âme, notamment avec un aspect Soleil/Psyché.

Psyché représente un grand pouvoir attractif, ressemblant un peu à Neptune (dont le glyphe est proche), ce charme qui n'émane pas du corps physique mais qui irradie de l'individu comme une lumière.

Psyché, en aspect du Soleil ou de la Lune ou de Vénus dans un thème individuel, souligne que cet individu est en quête d'un amour spirituel. Valorisé, Psyché, indique que cette personne a une grande capacité de se transformer spirituellement par amour.

EXEMPLES

Thème de Leonardo Di Caprio

- Sappho, conjoint à Pluton à l'ascendant Balance, est témoin du magnétisme et de l'attraction exercés par l'acteur ainsi que de son aspect « sex-symbol » !

- Junon, conjoint à Jupiter en Poissons maison VI, révèle que la conjointe idéale de Leo est une femme sensible et délicate, à la fois spirituelle et capable d'assumer les responsabilités quotidiennes.

Thème de Kate Winslet

- Sappho, conjoint nœud nord en Scorpion maison XII, témoigne du charisme et de la fascination que peut exercer cette jeune femme qui semble provenir d'un monde irréel.

- Amor, conjoint Neptune à l'ascendant Sagittaire, souligne la sensualité de Kate, faite d'un étonnant contraste de fougue et de douceur.

Chapitre 4

Les aptitudes relationnelles (2)
Interprétations

Il existe différents types de relations humaines. Même si les relations sentimentales demeurent les plus significatives pour les personnes qui consultent les astrologues, il est intéressant de présenter les autres sortes de relations.

Maisons, planètes et relations

Les relations frères/sœurs : En règle générale, elles dépendent de la maison III, du signe des Gémeaux et des planètes Vénus (sœur) et Mercure (frère). La maison XI symbolise le frère ou la sœur aînés alors que la maison III représente les frères et sœurs cadets. Des retrouvailles karmiques (personnes que l'on a connues dans d'autres vies) avec un frère ou une sœur sont indiquées lorsque Saturne occupe la maison III.

Les relations parents/enfants : La mère est représentée par la maison IV , le signe du Cancer et la Lune. Le père est symbolisé par la maison IX ou par la maison X, selon qu'il se comporte comme un protecteur et un guide pour ses enfants (maison IX), ou qu'il présente plutôt un comportement autoritaire et qu'il est le seul à avoir une carrière (maison X), ainsi que par le signe du Lion et le Soleil.

Des retrouvailles karmiques avec la mère sont indiquées lorsque Saturne occupe la maison IV, ou dans le cas d'une conjonction Lune/Saturne ou Lune/Pluton.

Des retrouvailles karmiques avec le père sont indiquées lorsque Saturne occupe la maison V ou dans le cas d'une conjonction Soleil/Saturne ou Soleil/Pluton.

Les enfants sont représentés par la maison V, le signe du Sagittaire et par Jupiter. Des retrouvailles karmiques avec un enfant sont indiquées lorsque Saturne occupe la maison V (ou Pluton) ou par une conjonction entre le maître de V et Saturne.

Lorsque le Soleil et/ou la Lune reçoivent des aspects stressants (carré, opposition ou quinconce) de Saturne, Mars, Pluton ou la Lune Noire, cela indique des relations parent-enfant difficiles.

Les relations amicales : Elles sont symbolisées par la maison XI, le signe du Verseau et Uranus. Des retrouvailles karmiques avec des amis sont indiquées lorsque Saturne occupe la maison XI.

Des planètes masculines (Soleil, Mars ou Uranus) en XI apportent plus d'amis hommes et des planètes féminines (Lune, Vénus ou Neptune) en XI amènent plus d'amies femmes.

Si vous n'avez pas de planètes en XI, voyez son maître.

1 . Les relations professionnelles

Voyez les maisons II, VI et X, les signes de terre et les planètes Mercure, Jupiter et Saturne.

2 . Les relations professeur/élève

Voyez l'axe maison III/maison IX où la III représente l'élève et la IX le professeur, selon la position dans laquelle vous vous trouvez. Voyez les signes des Gémeaux et du Sagittaire et les planètes Mercure (l'élève) et Jupiter (le professeur).

3. Les relations amoureuses

Elles dépendent de la maison V, du signe du Lion et des planètes Vénus et Mars.

4. Les relations conjugales

Elles dépendent de la maison VII, du signe de la Balance et de Vénus. Des retrouvailles karmiques avec le conjoint sont indiquées lorsque Saturne occupe la maison VII. L'union libre est toujours indiquée par la maison VII mais aussi par le signe du Verseau.

En général, les maisons les plus significatives pour évaluer les prédispositions relationnelles d'un individu sont :

- L'axe maison I/maison VII, axe relationnel par excellence qui vous enseigne sur vos rapports avec autrui et notamment avec votre partenaire. N'oubliez pas que la maison VII révèle le type d'expérience que vous souhaitez partager avec autrui et votre partenaire tel que vous le ressentez (et non tel qu'il est réellement, comme on peut le lire dans certains livres d'astrologie). Les planètes en VII et le maître de VII vous donneront de précieuses indications sur le type d'expérience que vous partagerez dans une relation de couple (la maison VII fait l'objet d'une étude approfondie dans ce chapitre);

- L'axe maison V/maison XI, axe des affections, qui concerne les amours dans le sens des liaisons généralement non durables ainsi que les enfants pour la V et les amis et relations pour la XI;

- L'axe maison II/maison VIII, axe de la sexualité (et de l'argent) où la II indique ce que vous apportez à votre partenaire sexuel et où la VIII montre ce que vous en attendez et ce que vous recherchez dans toute relation sexuelle. À noter que la position en maison du maître de la VIII souligne ce qui peut motiver votre désir sexuel.

L'étude de ces trois axes et des planètes qu'ils contiennent (ainsi que de leurs maîtres) vous révéleront le potentiel relationnel d'un individu.

Interprétation de la maison VII en signes

➤ **Bélier :** Comme votre axe AS/DS est sur les signes Bélier/Balance qui correspondent aux relations, l'union est très importante pour vous. Vous attirez un partenaire actif, dominateur et sûr de lui. Vous recherchez quelqu'un qui soit un leader dans son domaine. Vous avez besoin de vous affirmer dans votre union. Voyez la position de Mars (maître de votre maison VII).

➤ **Taureau :** Vous attirez un partenaire sensuel, charmant et pratique. Vous souhaitez que votre union vous apporte une grande réussite financière. Vous voulez un partenaire digne de confiance qui vous assure sécurité et stabilité. Le physique est important pour vous. Voyez la position de votre Vénus (maître de VII).

➤ **Gémeaux :** Vous attirez un partenaire intellectuel, charmant et qui stimule vos capacités de communication. Parfois, vous le connaissez depuis votre adolescence. Vous voulez étudier, apprendre, lire, écrire et parler sans cesse avec votre partenaire. Vous aimez voyager avec lui et vous fuyez la routine. Vous appréciez qu'il ait des idées et qu'il vous laisse des libertés. Voyez la position de Mercure (maître de VII).

➤ **Cancer :** Vous attirez un partenaire sensible, protecteur, aimant la vie au foyer et qui vous materne. Vous pouvez le rencontrer par l'intermédiaire de votre famille. Vous aimez que l'on prenne soin de vous comme d'un enfant. Vous avez un grand besoin d'affection et de reconnaissance, mais aussi de prise en charge, par autrui. Voyez la position de votre Lune (maître de VII).

➤ **Lion :** Vous attirez un partenaire chaleureux, brillant, généreux et démonstratif. Vous voulez un partenaire qui ait confiance en lui et qui soit ambitieux. Vous le souhaitez loyal et créateur, voire inspiré et spirituel. Vous devez pouvoir l'admirer et être fier de lui. Voyez la position de votre Soleil (maître de VII).

➤ **Vierge :** Vous attirez un partenaire modeste, réservé et méthodique. Vous partagez avec lui vos idées sur la santé et sur l'hygiène de vie. Vous cherchez quelqu'un qui soit capable d'analyser votre personnalité complexe. Voyez la position de votre Mercure (maître de VII).

➤ **Balance :** Vous attirez un partenaire charmant, artiste, sociable et décontracté. Vous souhaitez tout partager avec cette personne en la traitant d'égal à égal. Vous souhaitez un partenaire plus intellectuel que physique, capable d'une vision globale des situations. Vous cherchez quelqu'un qui vous apporte équilibre et harmonie. Voyez la position de votre Vénus (maître de VII).

➤ **Scorpion :** Vous attirez un partenaire mystérieux, secret, passionné, intense et très sexuel. Vous rencontrez quelqu'un qui vous fascine, vous envoûte par son charme énigmatique. Cette union est fondée sur des rapports de forces qui peuvent lier argent et sexualité (comme la VII en Taureau). Voyez les positions de Mars et de Pluton (maître de VII).

➤ **Sagittaire :** Vous attirez un partenaire optimiste, bon vivant et aimant les voyages. Il pourrait être étranger. Vous le voulez tolérant et vous souhaitez partager votre liberté et vos aventures avec lui. Cette union est généralement instable, de même que son opposée (la VII en Gémeaux). Voyez la position de votre Jupiter (maître de VII).

➤ **Capricorne :** Vous attirez un partenaire responsable, mature, patient et ambitieux. Vous avez besoin de quelqu'un ayant de l'autorité, qui soit votre « maître ». Vous voulez une union durable coûte que coûte, souvent à cause des conventions (comme son opposée : la VII en Cancer). Parfois, le mariage est tardif. Voyez la position de votre Saturne (maître de VII).

➤ **Verseau :** Vous attirez un partenaire original, moderne, amical et détaché. Vous recherchez une personne qui puisse vous ouvrir les portes du futur. Vous partagez des expériences ésotériques et spirituelles avec elle ou tout au moins des intérêts intellectuels originaux. Un grand besoin d'indépendance marque cette union. Voyez la position de votre Uranus (maître de VII).

➤ **Poissons :** Vous attirez un partenaire mystérieux, sensible et compatissant. Vous le voulez calme, rêveur et créateur. Vous partagez avec lui une recherche intérieure et spirituelle. Vous attendez souvent trop de votre partenaire (car il y entre une part d'illusion, de rêve). Voyez les positions de Neptune et de Jupiter (maîtres de VII).

Quand nous vous conseillons de vous intéresser à telle ou telle planète (le maître du signe où tombe votre DS-pointe de votre VII), vous devez trouver dans quelle maison elle se situe (la VI, la VIII et la XII étant plutôt défavorables) et quels sont ses aspects. Des aspects de carré, d'opposition ou de quinconce sur le maître de VII se révèlent difficiles pour la survie de l'union (surtout si l'aspect vient du maître de l'AS).

Notez aussi que les oppositions entre des astres en I et des astres en VII (axe des relations, de l'union et du mariage) ou des carrés entre des astres en IV et des astres en VII demandent impérativement une remise en question, et si possible un travail sur soi, pour l'harmonie d'une union.

Les planètes en maison VII

Si votre maison VII est vide de planète, cela ne signifie pas que vous ne vous marierez pas. Cette maison vide (comme toute maison vide) montre simplement qu'elle n'est pas l'un des secteurs les plus importants de votre vie et que l'influence de votre partenaire sera moins forte que si vous aviez deux ou trois planètes dans ce secteur.

Vérifiez toutefois si l'absence de planète en VII n'est pas contrebalancée par des planètes en Balance, surtout si la Balance se situe dans les maisons III, V, VIII ou XI. Sinon, interprétez le maître de VII comme s'il se trouvait en VII.

➤ **Soleil en VII :** Vous exprimez votre individualité à travers autrui. Vous attirez facilement les autres mais vous avez tendance à vous mêler de leurs affaires sans y avoir été invité. Votre leçon est d'apprendre ce que doivent être des relations harmonieuses. Vous avez tendance à vous laisser influencer par autrui, ou à adopter un comportement inauthentique pour vous faire aimer. Le mariage – ou l'union – est très important pour vous. Dans le cas d'une femme, elle peut être attirée par un homme « ressemblant » à son père.

> **Lune en VII :** Vous avez tendance à être émotionnellement trop dépendant d'autrui. Vous recherchez la popularité ainsi qu'un partenaire qui vous materne et qui vous soit très lié émotionnellement. Votre partenaire est relativement instable. Dans le cas d'un homme, il peut être attiré par une femme « ressemblant » à sa mère.

> **Mercure en VII :** Vous recherchez des rapports intellectuels avec autrui et un partenaire qui vous stimule mentalement. La communication est le pivot de votre union. Votre partenaire est relativement instable, aimant beaucoup le changement. Le mariage peut avoir lieu précocement. Vous cherchez peut être quelqu'un travaillant dans la communication.

> **Vénus en VII :** Vous avez besoin de trouver un équilibre émotionnel dans votre union. Vous aimez un partenaire démonstratif sur le plan sentimental, qui soit tendre et sensuel. Votre partenaire a, souvent, des dons artistiques. La beauté physique est importante pour vous. Parfois les gains financiers sont favorisés par le mariage.

> **Mars en VII :** Votre union est une sorte de combat, de lutte perpétuelle ou de conquête sans cesse remise en question. Votre mariage ressemble à une compétition où rien n'est jamais totalement gagné. Vous aimez un partenaire fort et conquérant, ambitieux et dominateur. Vous avez besoin qu'il soit passionné et fier de vous. Vous dépensez beaucoup d'énergie dans votre union. Risques de heurts.

> **Jupiter en VII :** Vous avez une vision très optimiste de la relation – et du mariage en particulier. Vous recherchez un partenaire bon vivant, protecteur et généreux. Une évolution spirituelle peut être engagée avec lui. Vous souhaitez un mariage prestigieux. Parfois, votre partenaire a tendance à être trop satisfait de lui. Excès de toutes sortes pouvant entraîner des problèmes dans l'union.

➤ **Saturne en VII :** Cette position est caractéristique : elle montre que le principal test de votre existence concerne le mariage et vos rapports avec autrui. Cela indique un lien karmique délicat avec votre partenaire. Il se montre responsable, ambitieux mais aussi rigide et froid. Il peut être plus âgé que vous ou plus mature. Vous avez besoin de sécurité dans votre union.

➤ **Uranus en VII :** Vous recherchez un partenaire original et magnétique avec lequel vous aurez l'impression d'être sur la même longueur d'onde. Vous pouvez rencontrer votre partenaire d'une manière surprenante ou grâce à des amis. Vous avez un échange intellectuel et intuitif étonnant avec lui. Votre partenaire doit être aussi votre ami. Vous avez besoin tous deux d'une grande indépendance. Si elle n'est pas respectée, il y aura un risque de rupture brutale.

➤ **Neptune en VII :** Vous êtes très sensible aux autres mais vous avez tendance à idéaliser votre partenaire et à vous faire beaucoup d'illusions sur la relation. Vous êtes attiré par une personne ayant des affinités spirituelles et ésotériques avec vous. Vous avez besoin de quelqu'un qui active votre inspiration et votre imagination et qui possède un charme mystérieux et fascinant.

➤ **Pluton en VII :** Vous recherchez un partenaire extrémiste, ambitieux, passionné et fort. Vous avez besoin de quelqu'un qui vous aide à déployer tout le potentiel caché qui est en vous. Ce partenaire dispose d'un puissant magnétisme et de dons analytiques. Il doit être votre initiateur, votre révélateur, votre transformateur. Parfois, passion sexuelle.

➤ **Lune noire en VII :** Cette position apporte généralement des périodes de mécontentement, voire de rejet du partenaire. Souvent vous avez une attitude négative envers la relation suite à une blessure affective dans l'enfance (avez-vous peur d'être dominé ? de perdre votre liberté ? que votre partenaire vous empêche de vous épanouir comme vous le souhaitez ? ou au contraire craignez-vous d'être abandonné ?). Cette position apporte souvent le veuvage ou le divorce. Il y a incontestablement un travail sur soi à réaliser avant de s'engager dans une union ou un mariage. Dette karmique vis-à-vis du conjoint. Remise en question de votre attitude envers votre partenaire. Conflits. Vous devez apprendre la tolérance et le don de soi.

➤ **Junon en VII :** Vous recherchez un partenaire ayant du charme, qui soit fidèle et raffiné. Vous avez besoin qu'il soit intelligent et artiste. Vous souhaitez un mariage traditionnel. Vous voulez l'égalité dans l'union. Votre partenaire a tendance à diriger votre destinée.

➤ **Chiron en VII :** Toutes vos relations présentent des leçons importantes. Vous souhaitez partager une quête avec votre partenaire. Grande importance de votre vie sociale. Vous avez besoin d'égalité et d'harmonie dans votre union. Vous cherchez un conjoint qui puisse vous guider et vous aider à réaliser votre quête de la justice, voire votre quête spirituelle. Parfois, union dans des circonstances assez extraordinaires (hors des conventions).

POUR EN SAVOIR PLUS

- Les signes mutables (Gémeaux-Vierge-Sagittaire-Poissons) sur le DS indiquent souvent plusieurs mariages.

- Lorsque Mars, Uranus, Neptune ou Pluton se situent en VII, cela indique souvent plusieurs mariages.

- Les carrés entre la VII et la IV ou les oppositions entre la I et la VII peuvent conduire au divorce.

- Le maître de la VII recevant des carrés ou des oppositions (notamment d'Uranus, de Pluton ou de Mars) peut signifier un divorce.

- Le Soleil, la Lune, Vénus ou les maîtres d'AS ou de DS recevant un aspect conciliateur (sextil ou trigone) de Saturne montrent la durabilité de l'union et éventuellement la fidélité (de même que Saturne en VII).

• Uranus n'est pas la planète du divorce; elle montre seulement le besoin d'indépendance et de liberté qui s'accommode davantage de l'union libre que du mariage. Il est difficile pour un « uranien » d'apprécier les avantages du mariage surtout s'il n'obtient pas la liberté dont il a besoin.

• Généralement, les personnes ayant l'axe AS/DS sur les signes Taureau/Scorpion ou Cancer/Capricorne ne divorcent pas même s'il n'y a plus d'entente avec leur conjoint. Dans le cas de l'axe Taureau/Scorpion c'est certainement à cause de la fixité de ces deux signes qui sont très possessifs; dans le cas de l'axe Cancer/Capricorne, c'est sans doute à cause du respect de la tradition et de leur peur d'être jugé par la famille.

• Le fait de n'avoir aucune planète en VII n'est nullement défavorable à l'union.

• L'hypothétique deuxième mariage se juge d'après la maison IX, son maître et les planètes qui s'y trouvent. L'hypothétique troisième union se juge d'après la maison XI, son maître et les planètes qui s'y trouvent, etc. (en comptant les maisons de deux en deux). Mais cela ne change rien au fait que la maison du mariage – ou de l'union durable – est la VII et que le type de personne que vous attirez est toujours principalement représenté par la VII. La IX, pour la deuxième union, n'apporte que des éléments additionnels.

• Dans le thème d'un homme, si la Lune et/ou Vénus forment des aspects avec les planètes transpersonnelles (Uranus-Neptune-Pluton), cela souligne le besoin, pour cet homme, de transcender ses relations sentimentales à un niveau spirituel. Ses relations amoureuses doivent l'aider à croître spirituellement, et non à satisfaire son ego.

• Dans le thème d'une femme, vous retrouvez le même principe si son Soleil et/ou son Mars forment des aspects avec ces mêmes planètes transpersonnelles (Uranus-Neptune-Pluton).

Position du maître de votre maison VII

Lorsque vous étudiez votre maison VII, pour obtenir des informations sur votre union, vous devez noter dans quelle maison se situe le maître de votre maison VII (nous rappelons que le maître d'une maison est la planète qui a son domicile dans le signe se trouvant sur la pointe de la dite maison – le DS dans le cas de la VII). Pour retrouver les maîtres de chaque signe, reportez-vous au tableau présenté dans l'introduction.

INTERPRÉTATION DU MAÎTRE DE VII EN MAISONS

- **Maître de VII en I :** Vous avez un grand besoin de vous identifier à votre partenaire (et en général à autrui). Vous cherchez l'approbation d'autrui pour prendre confiance en vous en lui montrant de quoi vous êtes capable. Parfois, cette position révèle une forme d'exhibitionnisme et apporte beaucoup de charme et de magnétisme.

- **Maître de VII en II :** Votre union doit vous apporter une grande sécurité. Parfois, cette position signifie un mariage d'intérêt. Il est possible que vous gagniez de l'argent avec votre partenaire (ou grâce à une clientèle). En général, les finances, dans le mariage, sont favorisées, ou tout au moins importantes.

- **Maître de VII en III :** Votre conjoint est peut être un amour adolescent, un ancien voisin ou quelqu'un que vous avez rencontré par un frère ou une sœur. C'est une union où la communication joue un rôle capital. Votre partenaire peut être un intellectuel ou quelqu'un se déplaçant beaucoup.

- **Maître de VII en IV :** Vous pouvez rencontrer votre partenaire chez vous ou par votre famille à l'occasion d'une fête ou d'une réunion. Vous vous êtes marié à cause de votre famille. Vous cherchez l'intimité et la sécurité dans l'union. Parfois, il existe un lien très fort entre votre

101

partenaire et vos parents. Votre partenaire prend, en quelque sorte, la place de vos parents. Manque de maturité au moment du mariage. Dans certains cas, il n'y a pas de mariage, ou il est tardif, à cause d'obligations familiales.

- **Maître de VII en V :** Cette position est généralement celle d'un mariage d'amour. Vous êtes romantique et idéaliste, et vous choisissez soigneusement votre partenaire. La maison de la création (V) associée à la maison du mariage (VII) peut indiquer un conjoint créateur et/ou une activité créatrice liée à votre conjoint (et/ou obtenue grâce à lui).

- **Maître de VII en VI :** Vous avez peut être rencontré votre conjoint dans le cadre de votre travail et/ou dans le milieu de la santé. Parfois, vous travaillez avec lui après votre mariage. Parfois cette position montre un partenaire à la santé fragile. Vous devez souvent prendre soin le lui et lui rendre service.

- **Maître de VII en VII :** Vous pouvez créer une grande complicité avec votre conjoint. Pour vous, le mariage est très important. Vous pouvez être indécis sur le choix de votre partenaire parce que vous demandez trop ou que l'on ne vous admire pas assez (à votre goût) ! Comme pour le maître de VII en I ou en V, il existe une recherche de réussite artistique.

- **Maître de VII en VIII :** Cette position donne de l'importance aux finances dans le mariage (et notamment à l'argent apporté par votre partenaire). Comme pour le maître de VII en II, il peut être question d'héritage ou de mariage d'intérêt. Parfois, votre réussite est due au financement de votre conjoint. Cette position vous octroie un grand magnétisme sexuel. Généralement, votre mariage est fondé sur de bonnes relations sexuelles avec votre conjoint. Cette position apporte des crises périodiques et des remises en question de votre union. Dans certains cas, il existe un risque de divorce ou de veuvage. Voir les aspects du maître de VII.

- **Maître de VII en IX :** Votre partenaire peut être un étranger ou vous pouvez l'avoir rencontré lors d'un voyage, ou à l'occasion d'études (ou d'un stage). Vous partagez votre évolution intellectuelle et/ou spirituelle avec votre conjoint. Cette position indique parfois un mariage entre deux personnes de conditions sociales très différentes. Votre partenaire peut être un enseignant ou jouer un rôle de guide.

- **Maître de VII en X :** Cette position lie le mariage à la carrière et peut montrer un partenaire qui vous aide à vous élever socialement ou à accéder à une profession qui vous plaise. Vous souhaitez un mariage grandiose ou un partenaire connu du grand public. Les aspects sur le maître de VII indiqueront si ces possibilités sont réalisables ou non.

- **Maître de VII en XI :** Vous cherchez un partenaire qui soit fidèle et qui puisse être également votre ami. Vous avez besoin d'indépendance dans votre union. Cette position montre également la possibilité de travailler avec un ami (qui peut ensuite devenir un partenaire). Parfois, le besoin de solitude l'emporte sur le besoin d'union. Souvent vous souhaitez réaliser des projets avec votre partenaire. Généralement, vous ne recevez pas autant d'amour que vous le souhaiteriez.

- **Maître de VII en XII :** Vous avez besoin de partager votre vie intérieure et une évolution avec votre partenaire. Cette position n'amène pas systématiquement des épreuves dans le mariage mais elle souligne l'importance de l'évolution spirituelle dans l'union. Ne vous mariez jamais avec quelqu'un qui est totalement matérialiste sinon vous allez droit au divorce ! Vous êtes très secret dans votre union et vous attendez que votre partenaire vous devine et entre dans votre univers sensible. S'il n'en est pas capable, vous êtes déçu. Vous avez besoin d'un lieu paisible pour méditer, être en paix. Votre partenaire doit le comprendre. Vous pouvez servir de conseiller à votre conjoint grâce à votre inspiration. Vous avez tendance à douter de la fidélité et de la valeur des besoins de votre partenaire. Soyez positif pour réussir votre union.

Vos planètes dans les maisons V-VIII-XI

- **La maison V** indique l'amour donné alors que la maison XI montre l'amour reçu. La maison V révèle les histoires d'amour, les flirts, les romances, le plaisir. C'est la maison de la créativité, de la chaleur et de l'énergie. Ce n'est pas l'amour sentiment de l'axe I/VII ni l'amour sexuel de l'axe II/VIII, c'est l'amour du cœur, l'amour-chaleur que l'on donne en maison V et que l'on reçoit en maison XI.

- **La maison VIII** est celle de la sexualité, de la transformation, de l'argent des autres et de la mort. Alors que la maison II montre ce que vous apportez à votre partenaire sexuel, la maison VIII indique ce que vous attendez de lui.

- **La maison XI** est celle des amis et relations, des projets et des espoirs, mais aussi celle de la liberté, de la fraternité et… de l'inattendu !

INTERPRÉTATION DES PLANÈTES EN MAISONS V-VIII-XI

➤ **Soleil en V :** Apporte de nombreuses histoires d'amour car vous êtes prêt à donner beaucoup de la chaleur de votre cœur et vous disposez d'un puissant magnétisme. Favorable aux relations avec les enfants.

➤ **Soleil en VIII :** Sexualité importante et magnétisme.

➤ **Soleil en XI :** Vous recevez beaucoup d'autrui, soit que vous vous serviez des autres pour réussir, soit que vous aimiez les relations amicales.

➤ **Lune en V :** Vous aimez jouer la comédie et vous êtes doté d'un charme fou qui vous apporte beaucoup d'histoires d'amour. Vous êtes romantique et vous aimez les enfants.

➤ **Lune en VIII :** Vous avez besoin d'un amour profond et très sensuel. Vous êtes secret et mystérieux, un peu torturé ?

➤ **Lune en XI :** Vous avez beaucoup d'amis et de relations prêts à vous aider, mais plutôt instables. Vos amis sont plutôt des femmes et/ou des gens immatures.

➤ **Mercure en V :** Vous séduisez autrui par le discours et vos facultés intellectuelles. Pour vous charmer, il faut stimuler votre intellect.

➤ **Mercure en VIII :** Curiosité sexuelle. Précocité sexuelle. Vous avez beaucoup de fantasmes.

➤ **Mercure en XI :** Vous avez de nombreux amis intellectuels et souvent jeunes. Vous aimez vous joindre à un groupe pour échanger de nouvelles idées.

➤ **Vénus en V :** On vous trouve très attirant. Charme. Vous êtes chanceux en amour. Vous aimez les plaisirs, vous êtes chaleureux et vous vous entendez bien avec les enfants.

➤ **Vénus en VIII :** Vous êtes très sensuel. Puissant magnétisme. Vous cherchez l'harmonie à travers vos relations sexuelles.

➤ **Vénus en XI :** Vous avez beaucoup d'amis, surtout des femmes, qui sont prêts à vous aider et/ou à vous aimer. Vous avez des amis artistes, créateurs.

➤ **Mars en V :** Vous aimez séduire et conquérir. Vous êtes très sexuel et idéaliste. Parfois, heurts avec les enfants.

➤ **Mars en VIII :** Vous êtes très sensuel, et vous disposez d'un puissant magnétisme sexuel. Vous aimez séduire.

➤ **Mars en XI :** Vous savez entraîner les gens à votre suite et vous vous faites beaucoup d'amis. Parfois, vous demandez trop aux autres d'où risques de heurts.

➤ **Jupiter en V :** Favorable aux amours et aux rapports avec les enfants. Vous êtes créateur. Vous êtes généreux et vous aimez avec grandeur.

➤ **Jupiter en VIII :** Vous avez d'importants besoins sexuels. Vous préférez la quantité à la qualité. Vous pouvez être porté à l'exagération en ce domaine.

➤ **Jupiter en XI :** Vous avez beaucoup d'amis et des gens prêts à vous aider. Vous aimez les groupes, les actions et organisations humanitaires.

➤ **Saturne en V :** Pour vous l'amour est un sujet très sérieux et vous ne vous liez pas sans être sûr de vos sentiments et de ceux de l'être aimé. On comprend mal votre apparente froideur et cela peut causer quelques déceptions amoureuses ou vis-à-vis des enfants.

➤ **Saturne en VIII :** Votre approche de la sexualité est sérieuse et responsable. Vous ne vous donnez pas au premier venu ! Vous n'êtes sans doute pas très porté sur la chose ou ressentez des blocages en ce domaine.

➤ **Saturne en XI :** Vous cherchez des amis sérieux avec lesquels vous discutez de sujets graves. Vous avez peu d'amis mais ils sont fidèles et souvent plus âgés que vous ou très matures. Vous leur portez beaucoup de respect.

➤ **Uranus en V :** Vous cherchez des histoires d'amour romantiques et aventureuses. Tout ce qui concerne cette maison est rempli de surprises et d'originalité. Parfois, lie l'amour et l'amitié, un peu comme Vénus en XI.

➤ **Uranus en VIII :** Vos idées sur la sexualité ne sont pas du tout conformistes. Parfois, aventures sexuelles sans lendemain. Lie l'amitié et la sexualité. Parfois, tendance homosexuelle.

➤ **Uranus en XI :** Vous avez des amis originaux, prêts à se dévouer pour des causes humanitaires et épris de liberté. Vous rencontrez des amis dans des circonstances surprenantes.

➤ **Neptune en V :** Vous êtes très romantique et très idéaliste, d'où des risques d'illusions sur vos partenaires amoureux et sur vos enfants. Parfois, vous aimez sans espoir que votre amour soit partagé.

➤ **Neptune en VIII :** Vous avez beaucoup de fantasmes. Vous possédez un charme étrange et fascinant mais cela peut vous attirer des histoires d'amour désagréables où l'on essaiera de se servir de vous.

➤ **Neptune en XI :** Vos rêves sont très idéalistes et parfois visionnaires et vous aimez les partager avec des amis inspirés et compatissants. Attention aux risques de trahison (illusion neptunienne sur vos fréquentations).

➤ **Pluton en V :** Puissant magnétisme. Vous êtes très possessif avec les gens que vous aimez. Vous êtes prêt à prendre des risques pour séduire l'élu de votre cœur.

➤ **Pluton en VIII :** Vous êtes très sensuel et vous disposez d'un puissant magnétisme sexuel. Beaucoup de fantasmes.

➤ **Pluton en XI :** Vos amis sont importants à vos yeux. Ce sont des personnes ayant de fortes personnalités qui peuvent essayer de vous influencer.

Nous n'avons traité que l'aspect relationnel de chaque position planétaire, et encore de manière fragmentaire, parce que ce n'est pas tout à fait le sujet de ce livre. Nous ne souhaitons pas détailler l'interprétation d'un thème natal mais simplement attirer votre attention sur certains points concernant les relations humaines.

Thèmes
de rencontres et de mariages

Deux personnes ne se rencontrent jamais par hasard. L'astrologie permet de définir si telle ou telle rencontre est importante ou non et pourquoi.

Il est intéressant de calculer des cartes du ciel de première rencontre. La première fois que l'on rencontre une personne marque la naissance d'une relation (nous parlons ici d'une rencontre qui entraîne un suivi relationnel et non du fait de croiser une personne dans la rue, personne que vous ne reverrez plus). Il

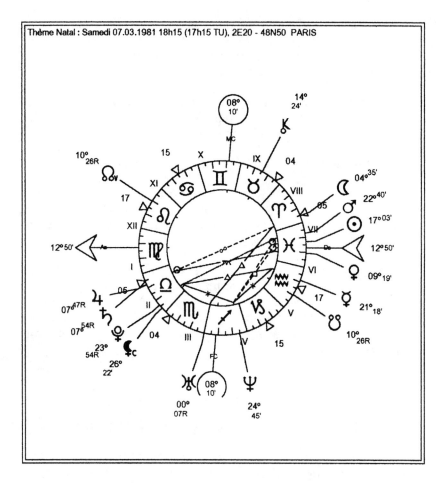

Thème Natal : Samedi 07.03.1981 18h15 (17h15 TU), 2E20 - 48N50 PARIS

Thème Natal de la rencontre 1

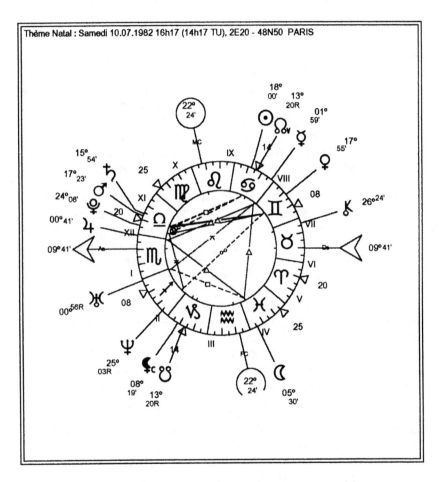

Thème Natal du mariage 1

est important de noter l'heure (mais aussi la date et le lieu) de la première rencontre. Ainsi, vous disposez d'une date, d'un lieu et d'une heure afin de calculer **un thème de première rencontre**. Ce thème doit être calculé comme n'importe quel thème natal.

La carte du ciel d'une première rencontre doit être interprétée en deux temps :

- Premièrement en elle-même : voir quels sont les aspects les plus significatifs (surtout les conjonctions qui sont synonymes de début, de naissance); voir si les maisons V-VII et VIII (pour une rencontre sentimentale) ou III-VII et XI (pour une rencontre amicale) sont très occupées et voyez les positions et aspects des astres individuels Soleil, Lune, Mercure, Vénus et Mars.

- Deuxièmement, par rapport aux thèmes de naissance des deux individus qui viennent de se rencontrer. Dans toute rencontre importante, il y a plusieurs planètes du thème de première rencontre qui se superposent aux planètes des thèmes de naissance des deux personnes (la superposition est une conjonction inter-thème).

Vous trouverez dans les pages précédentes et suivantes des exemples de cartes du ciel de premières rencontres et de mariages.

Dans l'exemple de **rencontre n°1**, cette première rencontre se réalise avec un Soleil en VII encadré par Vénus et Mars également en VII. Cette rencontre est sans aucun doute très attractive.

De plus la Lune est en maison VIII ! Les nœuds lunaires se situent sur l'axe des maisons V/XI qui est celui des affections. Le maître de VII (Neptune) qui représente le mariage est en IV (le foyer) et le maître de IV (Jupiter) est en Balance (le signe du mariage). En effet, environ un an et demi après cette première rencontre, ces deux personnes se marieront, un jour où la Lune se trouvera en Poissons sur Vénus et le DS du thème de première rencontre.

Vous pouvez voir **le thème de mariage n°1** de ce couple avec une magnifique pyramide en signes d'Eau (= plan sentimental) entre la Lune, Mercure et Jupiter, ce qui assure une excellente communication empreinte de sensibilité et de réceptivité, un aspect télépathique assez fort également.

En comparant le thème de première rencontre n°1 avec les thèmes de naissance des deux personnes (thèmes non représentés car ils sont privés), on pouvait remarquer que Vénus se superposait au Soleil de la femme et que le Soleil se superposait au Soleil de l'homme. Mars se superposait au Mercure de la femme et Mercure se superposait au Mercure de l'homme. La Lune se superposait à l'AS de l'homme et à la Vénus de la femme. Ce sont là les aspects inter-thèmes les plus significatifs.

Dans le thème de rencontre n°2, nous avons également une rencontre importante avec une forte accentuation des maisons V et VIII qui souligne l'attirance entre les deux personnes. L'AS est en Lion (analogie entre le 5ème signe et la maison V) et son maître, le Soleil, est en VIII (magnétisme sexuel puissant).

On remarque également la conjonction Lune/Mars en V qui est très attractive. En comparant avec le thème natal de la femme (non représenté), on s'aperçoit que cette conjonction se superpose à son AS. En comparant avec le thème natal de l'homme (non représenté), on s'aperçoit que Vénus et le Soleil se superposent à son Soleil natal. Le nœud nord du thème de première rencontre se superpose au maître d'AS du thème de l'homme et au Soleil du thème de la femme. Cette rencontre était prédestinée entre ces deux âmes sœurs, comme la précédente, et comme celle de l'exemple de rencontre n°3.

Dans le thème de rencontre n°3, nous avons une conjonction Vénus/Pluton sur le nœud sud en Scorpion en VII qui montre une grande attirance (et une retrouvaille du passé). Le maître de l'AS (Mars) se situe en Balance (signe de l'union). Le triangle mineur entre la conjonction Mercure/Uranus (communication intuitive) puis Mars et Jupiter renforce l'impact de cette rencontre où les deux personnes en présence ont eu l'impression d'être tout de suite sur la même longueur d'onde. La conjonction Vénus/Pluton est reliée par un sextil à la conjonction Lune/Neptune ce qui augmente la puissance de l'impact émotionnel et romantique de cette rencontre.

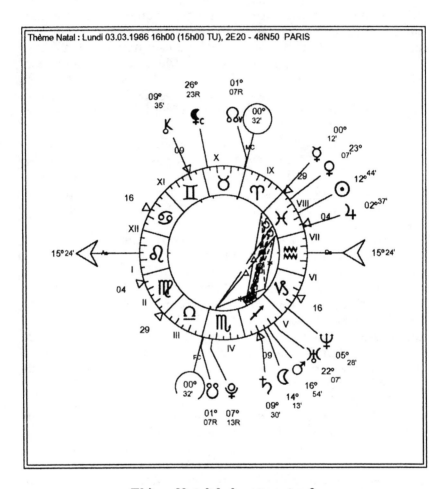

Thème Natal de la rencontre 2

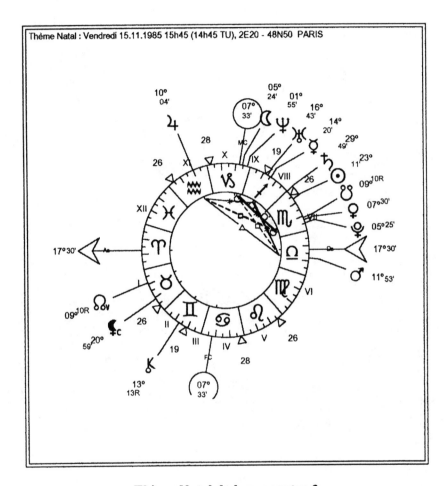

Thème Natal : Vendredi 15.11.1985 15h45 (14h45 TU), 2E20 - 48N50 PARIS

Thème Natal de la rencontre 3

113

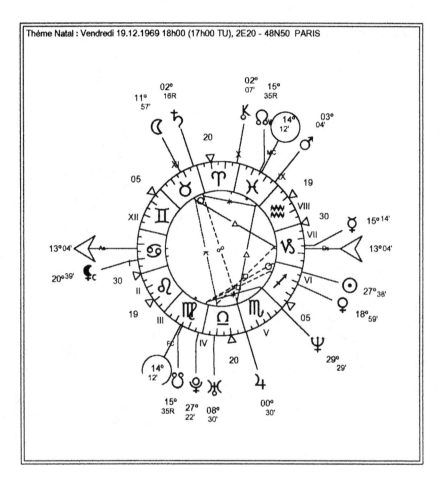

Thème Natal du mariage 2

À noter que la Lune se superpose à la Vénus natale de la femme et au nœud nord de l'homme (thèmes natals non représentés). L'AS se superpose au Mars natal de la femme et à l'AS natal de l'homme. Mars se superpose au DS natal de l'homme.

Nous avons donné précédemment un aperçu du thème de mariage n°1 (concernant le couple du thème de rencontre n°1).

Le thème de mariage n°2 est une union où l'accent est mis sur la réussite sociale et la vie publique avec le nœud nord en X sur le MC alors que dans le thème de mariage n°1 le nœud nord accentue la maison IX, de même que le Soleil, donnant la prépondérance à l'évolution intellectuelle ou spirituelle, à la communication, à l'ésotérisme, aux voyages, etc. (une planète ou un symbole situé à moins de 5° avant une cuspide de maison, est considéré comme appartenant à cette maison). Alors que dans le thème de mariage n°1, les oppositions sur l'axe II/VIII plus la Lune noire en II mettent l'accent sur des épreuves financières, dans l'exemple de mariage n°2, l'opposition sur l'axe V/XI plus la Lune noire en I en Cancer annonce des problèmes dans les affections (amour, amis, enfants).

Il est à noter que dans un thème de mariage le Soleil et Mars ont tendance à représenter plutôt le mari alors que la Lune et Vénus symbolisent plutôt l'épouse.

Entraînez-vous à calculer et à interpréter des thèmes de première rencontre ou de mariage (pensez à noter l'heure !). Ces thèmes sont instructifs mais n'oubliez pas qu'ils doivent toujours être comparés aux thèmes natals dont ils dépendent. Aucun thème de rencontre ou de mariage ne peut modifier le potentiel d'un thème natal.

Chapitre 5

La Synastrie (1)
Bases et interaspects

Les bases de la synastrie

La synastrie est la comparaison de deux cartes du ciel pour déterminer le degré d'entente entre deux individus auxquels appartiennent ces cartes du ciel. Il ne s'agit plus d'étudier un thème en soi mais de le comparer, de le superposer à un autre pour définir les interactions qui se produisent entre eux. L'étude d'une Synastrie demande une certaine maîtrise astrologique et un bon coup d'œil qui vous feront gagner du temps.

Lorsque vous vous trouvez face à deux cartes du ciel que vous souhaitez comparer vous devez, premièrement, bien les connaître en elles-mêmes ainsi que les deux personnes auxquelles elles appartiennent. Vous ne pouvez pas vous permettre de réaliser la Synastrie de deux personnes que vous ne connaissez pas, uniquement d'après leurs cartes du ciel. Ceux qui le font sont des irresponsables !

Ensuite, il faut repérer les aspects inter-thèmes qui se produisent et, au tout premier abord, les conjonctions. Avant d'entrer dans le vif du sujet, vous devez savoir que tout aspect se réalisant entre deux thèmes est appelé « interaspect » et que tout interaspect de conjonction est appelé « superposition ». La superposition est l'interaspect le plus puissant, le plus attractif et c'est aussi le plus facile à repérer.

Lorsque dans le thème d'une personne « A » le Soleil est à 15° du Bélier et que dans le thème d'une personne « B » Vénus est à 11° du Bélier on dit qu'il y a une superposition Soleil/Vénus car si vous placez ces deux astres sur le même zodiaque ils forment une conjonction.

Vous en avez un exemple avec les thèmes de Leonardo Di Caprio et Kate Winslet, dont vous trouverez la Synastrie au chapitre 2. Le Soleil en Balance de Kate se superpose à la Lune, en Balance également, de Leo. Cette superposition est la plus classique qui soit puisque le Soleil représente l'homme et la Lune la femme, d'où une grande attirance et une excellente complémentarité ici avec le signe de la Balance.

La superposition contient une notion d'expérience partagée ou de « communion » entre deux êtres lorsque les deux astres se superposent avec moins de 5° d'écart. Sur nos deux thèmes d'exemple vous pouvez noter aussi la superposition des deux Lunes en Balance, à laquelle vient s'ajouter le Mercure de Kate, d'où une grande complicité et une excellente entente entre les deux acteurs.

Pour repérer les superpositions facilement, vous avez deux solutions :

- Vous partez du signe du Bélier et vous tournez dans le sens des signes en vérifiant à chaque signe s'il y a ou non des planètes dans les deux thèmes.

- Vous prenez un zodiaque vierge et vous y inscrivez les planètes de l'homme en rouge (couleur de Mars) et les planètes de la femme en vert (couleur de Vénus). Ainsi, d'un coup d'œil, vous repérez les superpositions chaque fois que deux planètes de couleur différente seront l'une à côté de l'autre.

- Vous mettez sur un même zodiaque le thème de l'un à l'extérieur et le thème de l'autre à l'intérieur comme sur nos cartes du ciel d'exemples de Synastrie.

Sur ce zodiaque commun des signes vous pouvez ajouter les nœuds lunaires des deux personnes en plus des dix planètes habituelles, plus la Lune Noire, Chiron, Junon et les autres astéroïdes relationnels.

Enfin, vous pouvez y ajouter les axes AS/DS et MC/FC des deux personnes et les différentes maisons.

Outre les superpositions déjà remarquées entre Leonardo et Kate on peut noter (en dehors des planètes de génération, Uranus, Neptune, Pluton, qui se superposent forcément) :

- MC de Kate sur AS de Leo
- Nœud nord/Sappho de Kate sur Soleil/Vénus de Leo
- AS/Éros de Kate conjoint Neptune/nœud nord de Leo
- Lune noire de Kate conjointe DS de Leo
- Jupiter de Kate conjoint Chiron de Leo
- Amor de Kate conjoint Junon de Leo

Les bases de la synastrie fonctionnent de la manière suivante : Quelles sont les planètes de « A » qui forment des interaspects avec les planètes de « B » ?

1 . Vous devez déterminer tous les interaspects qui se forment entre les deux thèmes en question. Tous les interaspects n'ont pas la même valeur. Les plus importants sont les conjonctions ou superpositions. Parmi les superpositions, celles qui se réalisent entre des planètes individuelles (Soleil, Lune, Mercure, Vénus et Mars) sont les plus remarquables.

Ne tenez pas compte des superpositions entre planètes lourdes (Jupiter, Saturne, Uranus, Neptune et Pluton) sauf si l'une d'elles est le maître de l'AS ou du DS.

2 . Vous devez déterminer les autres interaspects : sextil, carré, trigone et opposition. Cela demande un peu d'entraînement mais, si vous savez repérer correctement les aspects d'un thème natal, vous saurez, avec un peu de pratique, trouver les interaspects.

3. N'oubliez pas que les sextils se réalisent entre des planètes situées dans des signes d'éléments compatibles (Eau/Terre ou Air/Feu).

4. N'oubliez pas que les carrés se réalisent entre des planètes situées dans des signes de même mode vibratoire (par exemple : mode cardinal = une planète en Bélier et une autre en Capricorne, etc.).

5. N'oubliez pas que les trigones ne se réalisent qu'entre des planètes situées dans des signes du même élément.

6. N'oubliez pas que les oppositions concernent des planètes qui se font face, et sont donc dans des signes opposés.

Étude et interprètation des interaspects

INTERASPECT DE CONJONCTION OU SUPERPOSITION

C'est l'interaspect le plus marquant, celui de l'expérience partagée ou de la communion. Il est préférable qu'il se produise entre des planètes individuelles et non identiques. En effet, deux Soleils se superposant (deux personnes du même signe) sont trop identiques et ils ne s'apportent pas le dynamisme essentiel à une bonne relation. Ce type d'interaspect est plutôt neutre. En revanche, une superposition Soleil/Lune, comme chez Kate Winslet et Leonardo Di Caprio, est très attractive !

Toutes les superpositions impliquant au moins une planète individuelle sont importantes. Notez que dans toute synastrie de rencontre primordiale vous trouverez au moins trois ou quatre superpositions de ce type. Aux dix planètes habituelles, il est également intéressant d'ajouter les superpositions d'une planète individuelle avec la Lune Noire, Chiron, Junon et les autres astéroïdes relationnels si vous le souhaitez, ainsi que les nœuds lunaires.

INTERASPECT DE SEXTIL (60°)

Cet interaspect est très favorable car il se produit entre deux astres situés dans des signes d'éléments compatibles. Il est très positif au niveau de la communication. Quand on sait l'importance de la communication dans toute relation, on mesure mieux l'intérêt d'avoir des interaspects de sextil. Les sextils Soleil/Soleil ou Soleil/Lune, Vénus/Mars ou Soleil/Vénus, Lune/Mars ou Lune/Mercure, Lune/Lune ou Mercure/Mercure sont parmi les plus favorables.

INTERASPECT DE CARRÉ (90°)

Cet interaspect est le plus délicat en synastrie. Un ou deux carrés dans une synastrie apportent du dynamisme mais une majorité d'interaspects de carré entraînent des conflits et la rupture si les partenaires n'acceptent pas l'évolution de la relation et leur remise en question à travers elle. En synastrie tout est affaire de proportion. Ne condamnez pas tout de suite le carré que vous venez de trouver mais vérifiez s'il est seul ou accompagné de nombreux « petits frères » ! Généralement, il faut se méfier de la tension et du stress que cet interaspect véhicule.

INTERASPECT DE TRIGONE (120°)

Cet interaspect est très favorable car il lie deux astres baignant dans le même type d'énergie (ou élément). Il désigne deux astres qui s'apportent mutuellement de l'énergie et qui peuvent s'autorégénérer.

Il est préférable d'avoir plusieurs trigones dans une synastrie car ils favorisent l'expression chaleureuse des sentiments et permettent une créativité plus épanouie. C'est, théoriquement, l'interaspect le plus favorable pour une relation bien qu'il n'ait pas l'impact de la superposition.

INTERASPECT D'OPPOSITION (180°)

Cet interaspect s'avère à l'expérience tantôt conflictuel, tantôt favorablement stimulant et souligne la complémentarité des deux partenaires (tout dépend de leur ouverture d'esprit et de l'acceptation du phénomène « miroir »). Certaines oppositions apportent des heurts alors que d'autres sont très attractives. Les oppositions Soleil/Lune, Lune/Lune, Soleil/Vénus, Lune/Vénus ou Vénus/Mars sont particulièrement favorables et présentent un bon mélange d'énergies.

Synastrie des planètes individuelles

LE SOLEIL ☉

Vous étudiez les Soleils pour déceler comment fonctionne l'énergie de base de la relation et comment ces deux individualités peuvent se révéler l'une par rapport à l'autre.

➤ **Les Soleils dans le même signe :** Les deux personnes se comprendront facilement mais l'entente générale risque d'être assez neutre car il n'y aura pas assez de stimulation profonde et pas de recharge d'énergie entre elles. Il n'y a guère que deux Scorpions qui puissent bien vivre ensemble, car ils s'autorégénèrent.

➤ **Les Soleils dans deux signes qui se suivent :** Peu de compatibilité; cette combinaison n'est pas recommandée quelle que soit la relation. Ces deux personnes sont foncièrement différentes.

➤ **Les Soleils en sextil (ou en éléments compatibles) :** Cette position est très favorable, elle permet une excellente entente et une bonne communication, les deux personnes ont l'impression d'être sur la même longueur d'onde.

➤ **Les Soleils en carré (ou en éléments incompatibles) :** Cette position est très délicate et apporte des risques de conflits. Au lieu de se nourrir mutuellement, ces deux personnes se tirent de l'énergie l'une l'autre. La relation peut se montrer stimulante au début mais elle devient vite épuisante. Le seul cas où cet aspect est positif est celui de deux âmes sœurs qui s'entraident pour évoluer (leurs Soleils les poussent à transformer sans cesse leur relation, à se dépasser lorsqu'ils sont ensemble).

➤ **Les Soleils en trigone (ou dans le même élément) :**
Cette position est très favorable car ces deux personnes se re-
chargent mutuellement et s'apportent de l'énergie, de l'amour,
de l'enthousiasme, leur créativité et des possibilités d'évolution et d'épanouissement. Grande compréhension, harmonie.

➤ **Les Soleils en quinconce (et en éléments incompatibles) :** Cette position est difficile et elle révèle souvent une
dette karmique entre les deux personnes. Généralement, elles
doivent se rendre service mutuellement ou s'entraider pour
une évolution. Peut s'avérer plus favorable éventuellement
dans une relation thérapeute/patient ou professeur/élève...

➤ **Les Soleils en opposition (et en éléments complémentaires) :** Cette opposition est généralement difficile et
source de conflits, mais très évolutive (aspect « miroir »
très fort). Les positions plus délicates sont celles entre signes
fixes : Taureau/Scorpion ou Lion/Verseau. Il y a un équilibre à rechercher en permanence sinon ces deux personnes
s'affrontent.

LA LUNE ☽

Vous étudiez la Lune des deux thèmes pour déceler comment fonctionne le plan émotionnel entre les deux personnes. La
Lune représente le type d'ambiance, de foyer où l'on se sent le
plus à l'aise.

➤ **Les Lunes dans le même signe :** C'est une position très
favorable car les deux personnes apprécient le même type
d'ambiance et ont besoin de la même sorte d'intimité. Leurs
émotions s'expriment sur le même mode. Ces deux personnes
ont l'impression de se sentir bien ensemble où qu'elles se
trouvent. Si d'autres interaspects le confirment, vous pouvez
être en présence de deux âmes sœurs.

➤ **Les Lunes en sextil ou en trigone :** Ces positions sont
très favorables et apportent une grande compréhension au niveau de la sensibilité. Le sextil donne une communication très
intuitive, parfois quasi télépathique.

➤ **Les Lunes en carré :** Elles montrent deux personnes qui aiment vivre dans des ambiances et des conditions tout à fait différentes, d'où risque de conflits.

➤ **Les Lunes en opposition :** C'est un interaspect favorable car il symbolise les sensibilités complémentaires qui ont beaucoup à échanger et à partager (aspect « miroir » dans le quotidien).

Les autres interaspects s'interprètent comme ceux du Soleil.

Nota Bene : Dans l'ensemble, les interaspects entre planètes individuelles identiques s'interprètent comme pour le Soleil sauf pour les cas particuliers que nous vous présentons ci-dessous.

MERCURE ☿

Mercure représente l'intellect, la communication, le plan mental des idées et de l'expression. Il est fondamental pour toute relation. L'interprétation des Mercure est tout particulièrement favorable lorsqu'ils sont en sextil car cet interaspect pousse les facultés de communication et d'expression au maximum de leurs possibilités.

À noter que deux personnes ayant des Mercure dans des signes consécutifs ne se comprendront pas et leur communication s'en ressentira (deux signes qui se suivent sont très différents l'un de l'autre).

VÉNUS ♀

Vénus représente le plan sentimental, l'union, le partage, l'équilibre et les besoins affectifs, ainsi que les arts. L'opposition entre les Vénus semble très attractive et plutôt positive au premier abord. En revanche, elle ne permet généralement pas la durabilité de la relation.

MARS ♂

Mars représente le désir, la sexualité et ce que l'on souhaite obtenir, gagner ou conquérir. Ici aussi l'opposition semble très attractive au premier abord (surtout dans le cas de relations sexuelles), mais elle est encore moins stable que celle des Vénus et tourne rapidement au conflit (on peut la trouver dans la synastrie de sportifs qui sont adversaires).

Interprétations des interaspects

Nous venons d'étudier les interaspects entre planètes individuelles identiques. Nous allons maintenant définir tous les autres interaspects possibles.

INTERASPECTS DU SOLEIL ☉

➤ **Soleil conjoint Lune :** excellente position pour une union car il y entre une complémentarité remarquable. Compréhension et grande attirance.

➤ **Soleil sextil ou trigone Lune :** bien que moins attractives, ces positions sont excellentes pour obtenir une harmonie entre deux personnes.

➤ **Soleil carré ou opposé Lune :** lorsque le carré est très conflictuel, l'opposition est très attractive et peut indiquer une complémentarité. Le partenaire Soleil a tendance à être trop égocentrique.

➤ **Soleil conjoint Mercure :** cette position apporte une excellente compréhension et des intérêts intellectuels communs. Le Soleil aide Mercure à s'exprimer.

➤ **Soleil sextil ou trigone Mercure :** même interprétation que ci-dessus. Dans le sextil il s'agit plus de communication alors que dans le trigone il s'agit plus de créativité.

➤ **Soleil carré ou opposé Mercure :** difficultés de compréhension. Le Soleil trouve Mercure superficiel et instable. Conflits, mensonges. Parfois, l'opposition apporte une stimulation de la pensée.

➤ **Soleil conjoint Vénus :** Cette position est très attractive et très positive pour toute forme de relation. Satisfaction sentimentale, épanouissement.

➤ **Soleil sextil ou trigone Vénus :** même indication que ci-dessus. Grande harmonie entre les deux partenaires.

➤ **Soleil carré ou opposé Vénus :** un côté attractif peut persister mais la durabilité est problématique surtout avec le carré. Le déséquilibre survient à cause d'une frustration sentimentale ou sexuelle.

➤ **Soleil conjoint Mars :** puissant magnétisme et grande attirance sexuelle. Position très stimulante pour toute relation. Elle dégage beaucoup d'énergie. Cette conjonction apporte un élément de rivalité. Elle permet de relever des défis.

➤ **Soleil sextil ou trigone Mars :** moins brûlantes et moins risquées que la conjonction, l'une ou l'autre de ces positions est favorable à toute réalisation et pour toute entente ayant besoin d'énergie pour mener à bien un projet.

➤ **Soleil carré ou opposé Mars :** positions explosives. Elles apportent beaucoup d'agressivité, de tension et de heurts et montrent une surstimulation et trop de compétition entre les deux personnes.

➤ **Soleil conjoint Jupiter :** position agréable et épanouissante. Beaucoup de chaleur et de générosité. Pour toute forme de relation, le Soleil aide Jupiter à s'épanouir et Jupiter sait guider le Soleil.

➤ **Soleil sextil ou trigone Jupiter :** même indication que ci-dessus mais en plus passive.

➤ **Soleil carré ou opposé Jupiter** : ces positions ne sont pas très conflictuelles mais elles soulignent quelques incompréhensions entre les deux personnes au sujet de leurs idéaux et de leur évolution.

➤ **Soleil conjoint Saturne** : cette position révèle un lien karmique où le Soleil a une dette envers Saturne. Elle apporte la stabilité, la durabilité et une certaine harmonie physique mais le Soleil peut ressentir cette relation comme frustrante. Saturne joue un rôle d'enseignant.

➤ **Soleil sextil ou trigone Saturne** : même indication que ci-dessus mais atténuée dans tous les sens. Ces positions et celles avec Jupiter (sextil ou trigone également) sont favorables aux associations professionnelles.

➤ **Soleil carré ou opposé Saturne** : le carré est plus délicat que l'opposition car il apporte trop de critiques, de sévérité et de frustration. Dans l'opposition, Saturne fait don de qualités constructives au Soleil.

➤ **Soleil conjoint Uranus** : cette position dégage un puissant magnétisme attractif mais aussi une grande instabilité. Uranus peut éveiller le Soleil et le pousser vers une expression originale de ses capacités.

➤ **Soleil sextil ou trigone Uranus** : ces positions sont moins instables que la précédente mais indiquent aussi une relation originale et changeante.

➤ **Soleil carré ou opposé Uranus** : positions explosives et totalement incontrôlables apportant beaucoup de tension. Grande impatience de part et d'autre.

➤ **Soleil conjoint Neptune** : cette position engendre une grande fascination mutuelle. Position très inspirante mais également porteuse d'illusions. Elle est favorable pour deux personnes étudiant l'ésotérisme ou la spiritualité.

➤ **Soleil sextil ou trigone Neptune :** cette position montre un puissant lien psychique et favorise une évolution spirituelle commune. Elle amène une attraction romantique et favorise les intérêts communs pour la musique ou l'ésotérisme.

➤ **Soleil carré ou opposé Neptune :** positions porteuses d'illusions et de déceptions. Risque de trahison ou d'abandon de la part de Neptune généralement. Manque de confiance réciproque.

➤ **Soleil conjoint Pluton :** position qui apporte une puissante attirance physique pouvant déboucher sur une liaison passionnelle, voire destructrice. Pluton hypnotise le Soleil pour son bonheur ou son malheur. Lien karmique.

➤ **Soleil sextil ou trigone Pluton :** positions plus favorables que la conjonction car elles permettent une transformation et/ou expression positive de chaque individualité à condition qu'il y ait une réelle ouverture à la remise en question.

➤ **Soleil carré ou opposé Pluton :** positions très délicates. Pluton veut transformer le Soleil et ce dernier n'apprécie pas. L'opposition indique une puissante attirance physique mais le carré se montre violent et destructeur.

INTERASPECTS DE LA LUNE ☽

➤ **Lune conjointe Mercure :** excellente position favorisant une grande compréhension mutuelle et de nombreux intérêts communs. Parfois, télépathie. Idéale pour toute forme de relation car elle apporte une bonne communication dans un climat où chacun se sent à l'aise.

➤ **Lune sextil ou trigone Mercure :** permet une excellente perception des besoins de l'autre et une entente facile. Intérêts communs. Excellente compréhension. Parfois, création commune.

➤ **Lune carrée ou opposée Mercure :** difficultés de compréhension et intérêts divergents. L'opposition amène une stimulation mentale rarement durable car le plan émotionnel est instable dans cette relation.

➤ **Lune conjointe Vénus :** excellente entente au niveau émotionnel et sentimental. Grande attirance. Lien puissant pour une histoire d'amour ou d'amitié. Harmonie, sympathie.

➤ **Lune sextil ou trigone Vénus :** même indication que ci-dessus mais en plus passive. Goûts communs, attirance sensuelle.

➤ **Lune carrée ou opposée Vénus :** l'opposition génère une grande attirance et se montre favorable aux relations amicales ou sentimentales mais les affinités sont moindres qu'avec les interaspects précédents. Le carré est négatif causant tension émotionnelle, extravagance et infidélité.

➤ **Lune conjointe Mars :** position très stimulante et attractive au niveau physique. Mars stimule les facultés de la Lune et cette dernière apporte sa sensibilité aux actions de Mars. Malgré tout, cette position est chargée de tension émotionnelle et d'agressivité.

➤ **Lune sextil ou trigone Mars :** ces positions prennent tout le côté positif de la conjonction en en éliminant le côté négatif.

➤ **Lune carrée ou opposée Mars :** positions délicates où Mars énerve et irrite la Lune. Conflits et parfois violence. À déconseiller.

➤ **Lune conjointe, sextil ou trigone Jupiter :** positions favorables permettant la confiance réciproque et un épanouissement commun. Parfois, la Lune est guidée par Jupiter. Fécondité.

➤ **Lune carrée ou opposée Jupiter :** positions difficiles émotionnellement avec risques de débordements. Déceptions diverses.

➤ **Lune conjointe Saturne :** cette position apporte la durabilité de la relation. Cet interaspect est d'essence karmique et la Lune peut ressentir cette relation comme pesante et rigide. La Lune doit accepter l'enseignement de Saturne.

➤ **Lune sextil ou trigone Saturne :** ces positions sont plus souples que la précédente. Saturne aide la Lune à structurer ses idées et la Lune apporte de l'imagination et de la souplesse au cadre structuré de Saturne. Favorise la durabilité de la relation.

➤ **Lune carrée ou opposée Saturne :** positions délicates qui sont sources de frustrations. Demande de toujours chercher l'équilibre entre l'innocence et la maturité, le jeu et la responsabilité. Tiraillements évolutifs dans le cadre d'une profonde aspiration à évoluer de la part de chacun.

➤ **Lune conjointe Uranus :** puissante attirance magnétique. Lien romantique et original mais instable. Parfois, coup de foudre comme avec la conjonction Soleil/Uranus. Cet interaspect amène beaucoup de changements et de surprises.

➤ **Lune sextil ou trigone Uranus :** relation originale et changeante. La Lune stimule l'imagination d'Uranus et ce dernier inspire et éveille la Lune à d'autres dimensions. Relation à surprises.

➤ **Lune carrée ou opposée Uranus :** relation tout à fait instable et non durable. Beaucoup de tension et de réactivité.

➤ **Lune conjointe, sextil ou trigone Neptune :** puissant lien psychique, relation romantique et fascinante. Accord spirituel et souvent communication télépathique. Cet interaspect évoque la possibilité de réparer une erreur d'une précédente existence.

➤ **Lune carrée ou opposée Neptune :** ces positions sont source d'illusions et de déceptions. Tromperies, risque d'abandon, sensiblerie, confusion et incompréhension.

➤ **Lune conjointe Pluton :** c'est tout ou rien ! Cet interaspect provoque une attirance quasi hypnotique résultant d'un lien karmique. Grande attirance physique fatale. Parfois, transcendance spirituelle. Dans d'autres cas, possessivité, jalousie et destruction.

➤ **Lune sextil ou trigone Pluton :** interaspects plus faibles et passifs que la conjonction et donc plus favorables. Remise en question.

➤ **Lune carrée ou opposée Pluton :** positions délicates et destructrices. Problèmes sexuels.

INTERASPECTS DE MERCURE ☿

➤ **Mercure conjoint, sextil ou trigone Vénus :** bonne entente et intérêts culturels, intellectuels ou artistiques communs. Création commune. Favorables à toute relation.

➤ **Mercure carré ou opposé Vénus :** interaspects assez peu défavorables amenant quelques irritations et des goûts différents (complémentaires avec l'opposition).

➤ **Mercure conjoint Mars :** interaspect intellectuellement très stimulant. Excellent pour actions, initiatives ou décisions communes. Bonne communication et compréhension rapide des besoins et idées de l'autre. Favorable aux relations professionnelles.

➤ **Mercure sextil ou trigone Mars :** favorables intellectuellement. Moins stimulants que la conjonction mais plus souples. Associent idées et action ou initiative et réflexion.

➤ **Mercure carré ou opposé Mars :** grande tension nerveuse et irritation. Incompréhension mutuelle, conflits.

➤ **Mercure conjoint, sextil ou trigone Jupiter :** positions optimistes. Grande confiance mutuelle et excellents échanges intellectuels, ésotériques ou spirituels.

➤ **Mercure carré ou opposé Jupiter :** créent une certaine tension nerveuse et provoquent de nombreux différends. Les idées et les idéaux divergent. Décevants.

➤ **Mercure conjoint Saturne :** assez délicat car Saturne a tendance à contrôler Mercure et à le structurer contre sa volonté d'où difficultés liées à l'autorité (notamment dans les relations parent/enfant). Parfois, Mercure accepte l'enseignement de Saturne. Position favorable pour une relation professeur/élève.

➤ **Mercure sextil ou trigone Saturne :** positions plus aisées que la conjonction. Saturne apporte un enseignement à Mercure et l'aide à se structurer et à mettre en pratique ses idées. Intéressant.

➤ **Mercure carré ou opposé Saturne :** positions très frustrantes où Saturne est décourageant et hypercritique. Mercure ne le supporte pas et cherche la fuite.

➤ **Mercure conjoint, sextil ou trigone Uranus :** stimulation mentale. Bon échange d'idées et excellente communication créative. Favorables à toute relation.

➤ **Mercure carré ou opposé Uranus :** grande tension nerveuse et mésentente intellectuelle. Confusion.

➤ **Mercure conjoint, sextil ou trigone Neptune :** lien psychique voire télépathique. Excellents pour études ésotériques ou spirituelles communes. Inspiration mutuelle. La conjonction est moins stable.

➤ **Mercure carré ou opposé Neptune :** beaucoup de déceptions et d'illusions. Mensonges. Mercure ne comprend pas Neptune.

➤ **Mercure conjoint, sextil ou trigone Pluton :** favorables pour des domaines spécifiques de recherche et d'analyse qui demandent des remises en question et des changements. Pluton essaie de contrôler Mercure.

➤ **Mercure carré ou opposé Pluton :** positions néfastes et parfois très malsaines. Destructrices et perturbatrices.

INTERASPECTS DE VÉNUS ♀

➤ **Vénus conjointe Mars :** puissante attirance physique et magnétique. Amour passionnel. Interaspect très complémentaire. Favorable à toute relation. Sympathie mutuelle.

➤ **Vénus sextil ou trigone Mars :** favorables à l'union et à l'entente sexuelle. Interaspects plus souples mais moins dynamiques que la conjonction.

➤ **Vénus carrée ou opposée Mars :** l'opposition est plutôt favorable à l'entente sexuelle même si elle génère une certaine tension et de la jalousie ou de la possessivité. Le carré est conflictuel et ne permet pas d'union durable. Parfois, le désir est frustré.

➤ **Vénus conjointe, sextil, trigone ou opposée Jupiter :** interaspects favorables pour toute relation car ils sont optimistes et permettent une confiance mutuelle, des goûts artistiques communs. Sympathie, joie, harmonie.

➤ **Vénus carrée Jupiter :** différences de goûts et d'opinions. Manque d'optimisme et de confiance mutuelle. Difficile.

➤ **Vénus conjointe Saturne :** lien karmique pouvant se révéler aussi intéressant et durable que frustrant et problématique. Généralement, fidélité. Refroidit les sentiments, permet de prendre du recul face à tout ce qui se passe dans la relation.

➤ **Vénus sextil ou trigone Saturne :** montrent uniquement le bon côté de la conjonction (durabilité, fidélité). Saturne apporte la sécurité à Vénus qui a confiance en son partenaire saturnien responsable et stable.

➤ **Vénus carrée ou opposée Saturne :** répriment les émotions et les refoulent. Très frustrant, trop critique. Défavorable au plan sentimental.

➤ **Vénus conjointe Uranus :** indice de coup de foudre et de puissante attraction magnétique. Amour romantique et surprenant. Favorable aux relations artistiques.

➤ **Vénus sextil ou trigone Uranus :** plus stables que la conjonction. Union romantique et originale. Favorables à la création artistique (stimulants). Inspiration.

➤ **Vénus carrée Uranus :** beaucoup de tension. Parfois liaison passagère décevante. Séduction puis abandon. Incompréhension affective. Parfois, perversion.

➤ **Vénus opposée Uranus :** grande attirance magnétique et sensuelle. Lien romantique. Union libre. Assez instable.

➤ **Vénus conjointe Neptune :** crée un amour idéalisé avec un puissant lien psychique. Parfois, relation platonique. Favorable pour toute relation entre personnes intéressées par les arts, la musique, l'ésotérisme et la spiritualité. Risques d'illusions et de déceptions.

➤ **Vénus sextil ou trigone Neptune :** plus stables que la conjonction. Attrait commun pour la spiritualité, la musique, la photographie ou l'ésotérisme. Lien psychique et charme magnétique. Idéalisme affectif. Recherche de l'harmonie et de l'amour mystique.

➤ **Vénus carrée ou opposée Neptune :** créent des illusions et des déceptions sentimentales. Amour romantique qui peut finir en tromperie ou abandon. Parfois, amour à sens unique. Erreur sur la personne. Méfiance !

➤ **Vénus conjointe, sextil ou trigone Pluton :** puissant magnétisme sexuel résultant d'une liaison ou d'une union dans une précédente vie. Amour passionnel plus instable dans la conjonction.

➤ **Vénus carrée ou opposée Pluton :** très destructeurs. Perversion. Problèmes sexuels. Possessivité. Demande impérativement une transformation de soi dans la relation.

INTERASPECTS DE MARS ♂

➤ **Mars conjoint, sextil ou trigone Jupiter :** interaspects stimulant l'optimisme et les aspirations des deux personnes. Compréhension, sympathie et affection. Complémentarité.

➤ **Mars carré ou opposé Jupiter :** rivalité, explosion. Buts et idéaux différents. Discorde.

➤ **Mars conjoint Saturne :** complémentaire car Mars stimule l'ambition de Saturne tandis que ce dernier maîtrise et canalise l'énergie de Mars. Durabilité de la relation. Fidélité. Favorable pour une relation professionnelle et/ou sportive.

➤ **Mars sextil ou trigone Saturne :** même indication que pour la conjonction mais en plus passive.

➤ **Mars carré ou opposé Saturne :** très frustrants et problématiques. Évitez surtout le carré violent (et, a fortiori, en signes cardinaux). Règlements de compte, souvent karmiques.

➤ **Mars sextil ou trigone Uranus :** stimulent l'originalité et l'esprit de décision et d'initiative. Favorables pour toute relation, notamment dans le domaine professionnel.

➤ **Mars conjoint, carré ou opposé Uranus :** interaspects explosifs et difficiles à manier. Agressivité et violence. Séparation violente ou brusque.

➤ **Mars conjoint Neptune :** dans certains cas cette conjonction est favorable en associant l'action à l'inspiration. D'autres fois elle crée des illusions et des déceptions. À manier avec beaucoup de prudence. Parfois, agression.

➤ **Mars sextil ou trigone Neptune :** gardent le bon côté de la conjonction et se montrent favorables à la créativité.

➤ **Mars carré ou opposé Neptune :** montrent tout le côté négatif de la conjonction (déceptions, illusions, « coups d'épée dans l'eau »). Agressivité et parfois violence. On se démoralise mutuellement. Mars attaque, Neptune fuit.

➤ **Mars conjoint Pluton :** puissante attirance sexuelle. Liaison passionnelle. Interaspect hyper-stimulant pour toutes sortes d'activités. Supercarburant. Interaspect de transformation et de mutuelle remise en question. Parfois, il tourne en rivalité.

➤ **Mars sextil ou trigone Pluton :** ces deux personnes se renforcent mutuellement comme dans le cas de la conjonction. Favorables pour mettre des énergies en commun. Très attractifs et très stimulants mais bouillonnants.

➤ **Mars carré ou opposé Pluton :** très destructeurs, agressifs, violents. Problèmes sexuels. À fuir !

INTERASPECTS DE JUPITER ♃

À partir de Jupiter, nous entrons dans la catégorie des interaspects entre planètes collectives qui ont beaucoup moins d'impact, ou alors par rapport à la vie sociale.

➤ **Jupiter conjoint, sextil ou trigone Saturne :** favorables pour les relations professionnelles, pour des affaires. Favorables pour toute relation. Associent l'optimisme à la réflexion.

➤ **Jupiter carré ou opposé Saturne :** Saturne freine l'élan de Jupiter et le critique avec excès. Jupiter se sent frustré. Saturne se sent dépassé par la fougue de Jupiter. Évitez les relations professionnelles.

➤ **Jupiter conjoint, sextil ou trigone Uranus :** favorables pour toute action humanitaire ou pour une évolution spirituelle commune. Chacun respecte la liberté et l'expression de soi de l'autre. Stimulent les idéaux et l'altruisme. La conjonction est plus instable.

➤ **Jupiter carré ou opposé Uranus :** heurts à propos des idéaux et des croyances. Défavorables pour toute relation.

➤ **Jupiter conjoint, sextil ou trigone Neptune :** favorables pour une évolution spirituelle ou pour des recherches ésotériques. Puissant lien psychique. Excellents pour toute relation.

➤ **Jupiter carré ou opposé Neptune :** apportent des déceptions car ni l'un ni l'autre ne peut tenir ses promesses ou se montrer responsable. Incompréhension spirituelle.

➤ **Jupiter conjoint Pluton :** c'est tout ou rien. Favorable à une relation sociale, politique ou professionnelle (réussite matérielle). Peut se montrer possessif et destructeur.

➤ **Jupiter sextil ou trigone Pluton :** favorable aussi bien matériellement que spirituellement (dans certains cas). Épanouissement à la suite de transformations.

➤ **Jupiter carré ou opposé Pluton :** interaspects frustrants, possessifs et destructeurs. Conflits dans les aspirations. Défavorables pour toute relation. Lutte d'influence.

INTERASPECTS DE SATURNE ♄

➤ **Saturne conjoint Uranus :** favorable aux relations professionnelles. Uranus amène la nouveauté, les idées, l'inventivité et Saturne met en pratique et réalise.

➤ **Saturne sextil ou trigone Uranus :** même interprétation que ci-dessus mais en plus passive.

➤ **Saturne carré ou opposé Uranus :** beaucoup de tensions et des problèmes à tout niveau. Stressant !

➤ **Saturne conjoint Neptune :** Saturne met en pratique l'inspiration neptunienne et Neptune apporte une vision plus globale de la vie à Saturne. Excellent pour le travail ou pour une évolution spirituelle commune.

➤ **Saturne sextil ou trigone Neptune :** même interprétation que ci-dessus mais en plus passive.

➤ **Saturne carré ou opposé Neptune :** interaspects désagréables pour toute relation (surtout en politique).

➤ **Saturne conjoint Pluton :** stimulant pour différents domaines. Cette position révèle souvent un lien karmique où Saturne doit payer une dette (rendre service) à Pluton. Dans ce sens, elle peut s'avérer délicate.

➤ **Saturne sextil ou trigone Pluton :** interaspects favorables surtout pour le domaine professionnel (ou social ou politique).

➤ **Saturne carré ou opposé Pluton :** interaspects frustrants et destructeurs. Relation difficile. Lutte de pouvoir.

Les trois planètes transpersonnelles Uranus, Neptune et Pluton produisent entre elles des interaspects uniquement collectifs qui ne nous intéressent pas dans le cadre de cet ouvrage et de l'interprétation synastrique.

INTERASPECTS DE LA LUNE NOIRE ⚸

Les superpositions (conjonctions) de la Lune Noire sont toujours délicates. Elles conduisent à des attractions-rejets passionnels et souvent destructeurs et qui doivent être gérées avec prudence. Elles montrent souvent un aspect karmique difficile qui demande à être conscientisé et réglé dans cette relation :

- Soit les 2 personnes ont un karma négatif ensemble à épurer et dans ce cas il est probable que ce soit la personne « Lune Noire » qui vienne se faire payer sa dette de la part de la personne « planète ».

- Soit elles se renvoient leur blessure d'enfance en miroir, la personne « planète » faisant beaucoup réagir la personne « Lune Noire ».

Les superpositions de la Lune noire à une planète personnelle de l'autre (Soleil, Lune, Vénus, Mars, Mercure) sont les plus difficiles. Ces aspects ne seront profitables à la relation que si les personnes sont vulnérables à la remise en question et engagées dans un authentique travail sur soi visant à travailler sur leur karma. Sinon, ils n'apporteront que destruction, passion et conflits soit vécus très inconsciemment, soit totalement refoulés menant à la frustration et à l'autodestruction.

INTERASPECTS DE CHIRON ⚷

Lorsque Chiron se superpose à une planète il se produit une attraction mutuelle entre les deux personnes. La nature de l'attirance est liée au symbolisme de la planète superposée à Chiron. L'attraction sera sentimentale avec Vénus, sexuelle avec Mars. Elle sera intellectuelle avec Mercure, émotionnelle avec la Lune, etc.

Généralement, une superposition entre Chiron et une planète individuelle (Soleil-Lune-Mercure-Vénus-Mars) montre deux personnes qui se lient parce qu'elles sont sur la même voie évolutive, un peu comme deux âmes sœurs avec une connotation surtout spirituelle. Ces superpositions sont généralement favorables dans toute relation. En principe, l'individu Chiron joue un rôle de guide pour l'autre personne.

Les sextils et les trigones à Chiron révèlent aussi une attirance mais d'une manière moins influente que la conjonction. Les oppositions à Chiron montrent un échange des qualités des deux planètes en présence. La planète en opposition à Chiron devient chironienne dans son expression et Chiron se colore du symbolisme de la planète qui lui est opposée. Ce type d'inter-aspect peut aussi déclencher des rivalités ou un esprit de compétition. À la base, l'opposition n'est ni favorable ni défavorable.

Les carrés à Chiron apportent à la fois une attraction et une répulsion. Le carré est délicat à cause des conflits qui en résultent.

INTERASPECTS DES 5 ASTÉROÏDES RELATIONNELS

Seuls sont significatifs les interaspects de conjonction entre les astéroïdes d'une carte du ciel et un symbole de la carte du ciel de son partenaire (planète, cuspide de maison angulaire, Lune noire, Chiron, nœud sud ou nord, part de fortune…). Les superpositions de deux astéroïdes – identiques ou différents – sont également révélatrice de ce qui rassemble les deux partenaires et de ce que chacun ressent pour l'autre. L'orbe de la superposition avec un astéroïde est de 1° à 3°.

Un individu dont l'astéroïde se superpose à un symbole de la carte du ciel de l'autre perçoit sa relation à l'autre selon ce que signifie l'astéroïde : si la Junon de A se superpose au Sappho de B, A cherchera l'union légale tandis que B sera surtout attiré par une relation sexuelle. Si l'Amor de C se superpose au Mercure de D, C ressentira un amour profond pour D, qui lui sera davantage motivé dans cette relation par le savoir, la communication, l'échange d'idées; C aimera profondément D pour ses qualités intellectuelles, D sera stimulé dans sa pensée et sa communication par la reconnaissance profonde et l'amour de C.

INTERASPECTS DE JUNON ⚹

Junon représente le conjoint légal et le mariage en tant qu'institution ou structure.

Les superpositions (conjonctions) entre Junon et le Soleil, la Lune, Vénus ou Mars indiquent une possibilité d'union légale entre les deux partenaires. Junon d'un thème féminin se superposant au Soleil d'un thème masculin ou Junon d'un thème masculin se superposant à la Lune d'un thème féminin sont des interaspects désignant le conjoint type. Les superpositions de Junon à Vénus ou Mars semblent limiter l'entente sexuelle au cadre du mariage.

Les superpositions, sextils ou trigones du Soleil, de la Lune, de Vénus ou de Mars à Junon font durer la relation. Les carrés et les oppositions sont des interaspects qui ont tendance à scléroser la relation, qui peut devenir uniquement formelle.

La superposition, le sextil ou le trigone à Mercure soulignent une profonde entente et Junon aide Mercure à se structurer. Ces interaspects sont notamment favorables dans les relations frères-sœurs.

Les carrés et les oppositions entre Junon et Mercure sont défavorables car Junon se montre sévère, critique et frustrante vis-à-vis de Mercure.

INTERASPECTS DE SAPPHO ⚳

En synastrie, la superposition de Sappho à une autre planète souligne ce qui a provoqué une attraction magnétique entre les deux partenaires. Sappho se superposant au nœud sud d'un autre thème révèle deux amants d'une précédente vie.

Lorsque Sappho se superpose à Vénus ou à Mars d'un autre thème, cela souligne l'entente sexuelle entre les deux partenaires.

Sappho montre, généralement, le côté positif et épanouissant des relations sexuelles.

INTERASPECTS D'ÉROS ♀

Lorsque Éros se superpose à une planète d'autrui, la personne Éros est subitement passionnée par ce que représente cette planète chez l'autre personne. Parfois l'attirance est sexuelle avec Mars ou Pluton par exemple, mais elle peut être différente selon la planète en cause.

La personne Éros éprouve toujours pour l'autre une forte attirance qui est la projection d'un de ses désirs, d'une attente. Il est rare que cette attraction dure car Éros ne tient pas compte de la réalité de l'autre mais seulement de son désir. Il y a un grand besoin d'être aimé de la part de la personne Éros, qui attend que son partenaire la comble à travers la planète ou le symbole qui s'y superpose.

INTERASPECTS D'AMOR ☽

Amor apporte une possibilité de partage et de complémentarité entre deux individus : le moyen en est la planète ou le symbole qui se superpose à Amor. La personne Amor apporte toujours une grande qualité d'amour, d'harmonie, d'acceptation totale et de reconnaissance vis-à-vis de l'autre; l'autre personne peut s'épanouir grâce à cet amour et partager pleinement ce que signifie le symbole touché par Amor. Amor est un amour au-delà des personnalités, un amour des « Je », des individualités profondes et immortelles des deux individus. Très valorisé, Amor est un indice d'âmes sœurs.

INTERASPECTS DE PSYCHÉ ♆

En synastrie, une superposition entre Psyché d'un thème et l'ascendant, le Soleil, la Lune ou Vénus de l'autre thème révèle une profonde connexion entre les deux partenaires, un lien qui vient du cœur et non un attachement possessif.

Psyché intervient toujours pour pousser le partenaire qu'il représente à évoluer et à se transformer par amour pour l'autre ou grâce à l'expression de son amour à l'autre sans attente. La personne Psyché doit dépasser son égoïsme et donner le meilleur d'elle-même en relation avec le symbole qu'elle touche de l'autre personne.

INTERASPECTS AUX NŒUDS LUNAIRES ☊ ☋

Il est rare que, dans une relation importante, les nœuds lunaires d'un thème ne soient pas en contact avec les planètes individuelles ou le maître de l'AS ou celui du DS ou encore Saturne de l'autre thème. Cela montre un lien karmique, c'est-à-dire que les deux personnes en présence se sont déjà connues dans d'autres existences et qu'elles poursuivent, aujourd'hui, leur chemin côte à côte.

Les nœuds lunaires (nord et sud) étant opposés, une planète conjointe à l'un d'eux est, en même temps, opposée à l'autre. Nous ne traiterons donc que des conjonctions.

Lorsqu'une planète se trouve en position de sextil à l'un des nœuds, elle est, en même temps, trigone à l'autre. Nous interpréterons donc le sextil et le trigone ensemble.

Dans le cas du carré, la planète se situe à 90° des deux nœuds à la fois.

Lorsque les nœuds nord des deux thèmes sont dans le même élément (en conjonction ou trigone), ils ont la même conversion karmique à réaliser (voir notre précédent ouvrage : *L'Astrologie Holistique*), ce qui facilite l'entente entre ces deux personnes qui ont des voies d'évolution similaires dans cette vie.

Lorsque les nœuds nord des deux thèmes se situent dans des éléments complémentaires (sextil ou opposition), il existe une bonne possibilité d'entente car les deux personnes peuvent s'apporter une aide mutuelle pour leur évolution. Dans le cas de l'opposition, ces deux personnes peuvent se compléter et s'entraider pour leur évolution dans cette vie (à noter que ces deux personnes auront un écart d'âge de neuf ans).

Lorsque les deux nœuds se situent en carré ou en éléments incompatibles, ces deux personnes ont des voies différentes et cela peut rendre leur entente délicate. Elles peuvent se bloquer l'une l'autre et déboucher sur une situation frustrante. Dans de rares cas, il y a une prise de conscience mutuelle et une grande transformation pour chacun.

Dans les interaspects aux nœuds lunaires vous devez savoir que :

- Toute conjonction au nœud sud se réfère aux existences communes des deux personnes; la personne planète a contracté une dette karmique envers la personne nœud sud. Le type de dette karmique est lié à la planète de cet interaspect et à la maison dont elle est maîtresse dans le thème natal de l'individu auquel elle appartient.

- Toute conjonction au nœud nord (superposition) souligne quelque action commune à vivre entre les deux personnes dans cette vie. Cette fois, il s'agit d'un lien karmique positif d'autres existences ou d'une première rencontre (importante) dans cette vie. Généralement, c'est l'indice d'une relation qui se poursuivra dans la prochaine vie.

- Une planète sextil ou trigone au nœud nord d'un autre thème aide l'individu nœud nord à canaliser ses énergies pour son évolution actuelle.

- Une planète carrée à l'axe des nœuds lunaires d'un autre thème pousse la personne nœuds lunaires à se remettre en question à travers ce que représente la planète de l'autre; la personne nœuds lunaires doit puiser dans la sagesse issue de son passé (nœud sud) pour comprendre la leçon évolutive de ce qui le fait réagir chez l'autre (nœud nord). Parfois, cet interaspect se révèle frustrant.

Pour conclure ce paragraphe, voici l'interprétation des superpositions aux nœuds lunaires :

➤ **Soleil conjoint nœud nord :** favorise l'évolution spirituelle des deux personnes. Attraction puissante et confiance mutuelle. Chacun peut aider l'autre à croître. Présage une excellente entente dans cette vie et dans la suivante.

➤ **Soleil conjoint nœud sud :** montre une dette karmique d'une autre vie qui rend cette relation difficile malgré une grande attirance. Le Soleil peut payer sa dette en rapport avec la maison dont il est le maître. Cette relation risque d'être frustrante pour le Soleil.

➤ **Lune conjointe nœud nord :** forte attirance et possibilité d'union. Ces deux personnes se stimulent émotionnellement et se créent des liens positifs pour les prochaines vies communes.

➤ **Lune conjointe nœud sud :** montre des liens karmiques antérieurs familiaux ou conjugaux assez difficiles sur le plan émotionnel et quotidien. Généralement, c'est la Lune qui a une dette envers le nœud sud et elle peut la payer par l'intermédiaire de la maison dont elle est le maître.

➤ **Mercure conjoint nœud nord :** bonne entente intellectuelle et centres d'intérêts communs. Ces personnes se comprennent bien et peuvent s'entraider dans les secteurs des Gémeaux et de la Vierge chez Mercure et par rapport à la maison du nœud nord pour l'autre thème.

➤ **Mercure conjoint nœud sud :** l'individu nœud sud a un enseignement à transmettre à Mercure. Parfois, ces personnes poursuivent un lien professeur/élève d'une vie précédente. Mercure se sent obligé de rendre service au nœud sud à cause d'une dette contractée antérieurement et liée aux maisons dont il est le maître. Parfois, cette superposition indique une relation antérieure entre deux frères ou entre un frère et une sœur.

➤ **Vénus conjointe nœud nord :** favorable à l'union. Attirance physique et sentimentale. Affection sincère et confiance mutuelle. Ces personnes s'apportent beaucoup mutuellement et s'harmonisent. Les activités qu'elles partagent sont liées aux maisons dont Vénus est le maître et à la maison contenant le nœud nord dans l'autre thème. Cet interaspect peut évoquer une possibilité d'union entre ces deux personnes dans la vie suivante.

➤ **Vénus conjointe nœud sud :** cette superposition est le témoin d'une liaison ou d'une union qui ne s'est pas très bien déroulée dans une précédente existence. C'est Vénus qui a contracté une dette envers le nœud sud. Même si l'union est possible dans cette vie, elle n'est généralement pas durable car la relation sentimentale appartient au passé. C'est dans les maisons dont Vénus est le maître que l'on trouve les secteurs où Vénus va s'activer pour séduire le nœud sud et se racheter.

➤ **Mars conjoint nœud nord :** superposition très stimulante et très attractive. Mars aide le nœud nord à atteindre ses buts. Il y a un grand échange d'énergie et beaucoup de passion entre ces deux personnes. Mars aide le nœud nord à développer son dynamisme. Le secteur d'action principal est représenté par les maisons dont Mars est le maître et par la maison contenant le nœud nord.

➤ **Mars conjoint nœud sud :** cette superposition apporte de la rivalité et des heurts et n'est pas favorable à la durée d'une relation (souvent passionnelle). Mars a une dette karmique envers le nœud sud contractée dans la violence lors de rapports entre frères ou entre sportifs ou encore entre soldats ennemis. Cet interaspect est assez agressif et peut se résorber par les maisons dont Mars est le maître.

➤ **Jupiter conjoint nœud nord :** cet échange est favorable et crée une grande tolérance mutuelle. Ces deux personnes s'entraident notamment pour une évolution spirituelle. Interaspect de confiance, de guidance, d'espoirs réalisés ensemble et de protection. Les idéaux et croyances ésotériques ou spirituels de ces deux personnes sont semblables et ils se rencontreront dans leur vie suivante pour poursuivre une évolution commune.

➤ **Jupiter conjoint nœud sud :** c'est à celui qui pourra guider l'autre pour s'imposer à lui. Souvent Jupiter apporte des occasions d'épanouissement au nœud sud (en rapport avec la maison qu'il maîtrise). Jupiter essaie ainsi de se racheter d'une précédente vie. Il peut s'agir de réparer une injustice commise par lui antérieurement. La manière dont il peut s'en acquitter est révélée par la maison dont il est le maître.

➤ **Saturne conjoint nœud nord :** Saturne détient un enseignement qu'il doit donner au nœud nord, à moins qu'il ne veuille lui apprendre le sens du devoir et/ou de la patience et/ou des responsabilités. Cet interaspect est favorable aux relations professionnelles. Le nœud nord aide Saturne à réaliser ses ambitions dans la maison dont celui-ci est le maître et Saturne amène une certaine sécurité et/ou une élévation lente mais stable au nœud nord (par rapport à sa maison).

➤ **Saturne conjoint nœud sud :** le nœud sud peut en demander trop à Saturne et il en résultera parfois un blocage mutuel. Cet interaspect est assez frustrant, mais il peut fonctionner favorablement si Saturne est l'enseignant ou le guide. Ces personnes doivent tirer une leçon de leurs vies communes et surtout n'exercer aucune limitation l'une sur l'autre. La maison dont Saturne est le maître indique le secteur de vie dans lequel il peut guider le nœud sud.

Les interaspects avec Uranus, Neptune et Pluton sont collectifs et ne présentent guère d'intérêt. En revanche, les superpositions aux angles sont importantes. En voici notre interprétation.

➤ **AS conjoint nœud nord :** le nœud nord apporte une direction évolutive, ou la possibilité de guider l'AS sur sa voie. Parfois, voie d'évolution commune. Le type d'échanges et le secteur de vie se voient d'après le signe et la maison où se situe le nœud nord.

➤ **AS conjoint nœud sud :** grande compatibilité (le DS est aussi sur le nœud nord !), mais le nœud sud a tendance à « pomper » l'AS. Ce dernier donne au nœud sud, envers lequel il a une dette, beaucoup plus qu'il ne reçoit. Le nœud sud limite et frustre l'AS. Voyez le signe et la maison du nœud sud.

➤ **MC conjoint nœud nord :** il existe ici un puissant lien familial datant d'autres existences (FC conjoint nœud sud). Généralement, ces deux personnes peuvent s'entraider pour une carrière. Voyez le signe et la maison du nœud nord.

➤ **MC conjoint nœud sud :** il existe ici un lien karmique de nature sociale datant d'une autre existence. Le MC aide le nœud sud à établir des structures solides dans sa vie actuelle. Voyez le signe et la maison du nœud sud.

➤ **Chiron conjoint nœud nord :** ces deux personnes partagent une même voie évolutive où ils s'entraident afin de développer leurs talents et leur créativité. Chiron peut guider le nœud nord dans sa voie.

➤ **Chiron conjoint nœud sud :** révèle une relation professeur/élève ou guide/disciple datant d'une autre existence. Chiron a quelque chose à enseigner et/ou à donner au nœud sud et souhaite s'occuper de lui d'une manière originale. Évolution spirituelle commune (commencée dans une existence antérieure).

➤ **Lune noire conjointe nœud nord :** la personne nœud nord peut aider la personne Lune noire à ressentir, à conscientiser, voire à guérir sa blessure la plus profonde. Peut être la personne nœud nord a-t-elle réussi à comprendre des leçons évolutives par rapport à cette blessure émotionnelle et peut aider la personne Lune noire à tirer des leçons. Déconseillé dans une relation sentimentale, demande l'ouverture à une profonde remise en question.

➤ **Lune Noire conjointe nœud sud :** cette position de la Lune noire confirme des retrouvailles karmiques. La personne Lune noire vient se faire régler une dette d'une vie passée auprès de la personne nœud sud. Forte attraction possible, mais explosive et souvent douloureuse émotionnellement.

➤ **Junon conjointe nœud nord :** peut indiquer une union possible entre ces deux personnes, ce lien pouvant aider le nœud nord dans son évolution.

147

➤ **Junon conjointe nœud sud :** révèle un mariage qui ne s'est pas très bien déroulé dans une vie antérieure, laissant des séquelles qui doivent être aujourd'hui réparées. Junon a une dette envers le nœud sud et elle doit se montrer plus tolérante et plus souple en rapport avec la maison où elle se situe.

Interprétez les autres astéroïdes, Sappho, Éros, Amor et Psyché, comme Junon, mais bien sûr avec leurs significations propres.

POUR EN SAVOIR PLUS

- Les orbes permis sont légèrement supérieurs à ceux du thème natal. À l'expérience, on peut accorder pour tous les interaspects un orbe de 10° (et même 15° pour les interaspects impliquant le Soleil ou la Lune).

- Les interaspects importants sont ceux ayant un orbe restreint à 5° maximum. Généralement, toute relation importante bénéficie de deux ou trois superpositions étroites, ainsi que quelques autres interaspects significatifs avec des orbes plus larges.

- Les interaspects les plus significatifs sont ceux se réalisant entre les planètes individuelles.

- L'interprétation doit se faire sur l'ensemble des interaspects (interprétation holistique) et non sur quelques interaspects favorables ou non.

- On trouve souvent des interaspects qui se contredisent. N'oubliez pas que les individus sont faits de contradictions, tout comme leurs relations.

- Soyez prudent dans l'évaluation des différents interaspects (il en existe généralement beaucoup entre deux thèmes) et patient pour tous les trouver.

- Faites-vous un tableau de ces interaspects et notez ceux qui sont favorables en vert (harmonie) et ceux qui sont défavorables en rouge (défi) par exemple. Ainsi, d'un coup d'œil, vous pourrez jauger le potentiel global de la relation.

- N'oubliez pas que les quatre éléments sont importants en synastrie. Une personne ayant une dominante Feu ne s'entendra pas facilement avec une personne ayant une dominante Eau (différences de tempéraments). En général, le Feu s'entend avec l'Air et l'Eau avec la Terre (même polarité). Reportez-vous à notre ouvrage : *L'Astrologie Holistique* pour déterminer la dominante élémentaire d'un thème. Voyez la répartition des planètes en éléments des deux thèmes et vérifiez s'il n'y a pas de déséquilibre. Pour cela additionnez les planètes Feu avec les planètes Air de chaque thème (si un thème contient cinq planètes Feu/Air, l'autre thème doit en avoir de quatre à six) puis faites la même chose avec les planètes Eau/Terre des deux thèmes (s'il y a trois planètes Eau/Terre dans un thème, il doit y en avoir entre deux et quatre dans l'autre). Cela est important pour estimer la capacité des deux personnes à se tolérer.

- Voyez s'il y a équilibre des modes vibratoires (cardinal-fixe-mutable). Idéalement, vous devez trouver une répartition à peu près égale entre les trois modes lorsque vous additionnez les deux fois dix planètes des deux thèmes en présence, en les répartissant dans les trois modes vibratoires (par exemple : pour le premier thème vous avez deux planètes cardinales, cinq planètes fixes et trois planètes mutables; pour le deuxième thème vous avez cinq planètes cardinales, une planète fixe et quatre planètes mutables; en additionnant les planètes cardinales des deux thèmes on obtient $2 + 5 = 7$, en additionnant les planètes fixes des deux thèmes on obtient $5 + 1 = 6$ et en additionnant les planètes mutables des deux thèmes on obtient $3 + 4 = 7$ soit un équilibre sur les trois modes, ce qui garantit la durabilité).

Dans les pages suivantes, vous trouverez un tableau des interaspects qui vous aidera dans vos synastries. Nous vous en présentons un modèle vierge ainsi qu'un modèle que nous avons commencé à remplir avec quelques-uns des principaux interaspects de Tom Cruise et Nicole Kidman. Nous vous conseillons, comme exercice, de compléter ce tableau, puis de réaliser celui des princesses Grace et Caroline de Monaco. Vous trouverez à cet effet, dans les pages suivantes, la synastrie de Tom Cruise et Nicole Kidman (l'interprétation de leur relation est effectuée au chapitre 6) sans les aspects, ainsi que celle de Grace Kelly et Caroline de Monaco (accompagnée de leurs thèmes natals). Ces synastries sont présentées sans les interaspects afin de vous servir d'exercices. Entraînez-vous avec ces zodiaques et ces tableaux à trouver rapidement tous les interaspects.

Chez les princesses Grace et Caroline de Monaco, vous noterez les superpositions suivantes : nœud nord/nœud sud, Mars/Uranus, Lune/Mercure, Mars/nœud nord et Mercure/Lune noire. À noter aussi que la Lune de Grace se superpose à l'AS de sa fille et que la Lune de Caroline se superpose à l'AS de sa mère, ainsi que bien d'autres éléments que nous vous engageons à découvrir et à interpréter à titre d'exercice…

SYNASTRIE : TABLEAU DES INTERASPECTS													
F / **H**	☉	☽	☿	♀	♂	♃	♄	♅	♆	♇	♀	⚷	☋	As
☉													
☽													
☿													
♀													
♂													
♃													
♄													
♅													
♆													
♇													
♀													
⚷													
☋													
As													

Dans chaque case, inscrivez le symbole de l'interaspect correspondant :

Conjonctions/Superpositions : ☌
Sextil (60°) : ⁎
Carré (90°) : ☐
Trigone (120°) :
Opposition (180°) : ☍

Nota Bene : pour un couple, « H » représente la colonne de l'homme et « F » la colonne de la femme.

151

SYNASTRIE : TABLEAU DES INTERASPECTS (Nicole Kidman et Tom Cruise)													
NK \ TC	☉	☽	☿	♀	♂	♃	♄	♅	♆	♇	⚷	☊	As
☉							□						
☽					☌								
☿								□		□			□
♀				☌	*								
♂									☍				
♃	□												
♄	*												
♅													
♆													
♇													
⚷													
☊													
As													

Conjonctions/Superpositions : ☌
Sextil (60°) : *
Carré (90°) : □
Trigone (120°) :
Opposition (180°) : ☍

Nota Bene : « NK » représente la colonne de Nicole Kidman et « TC » la colonne de Tom Cruise.

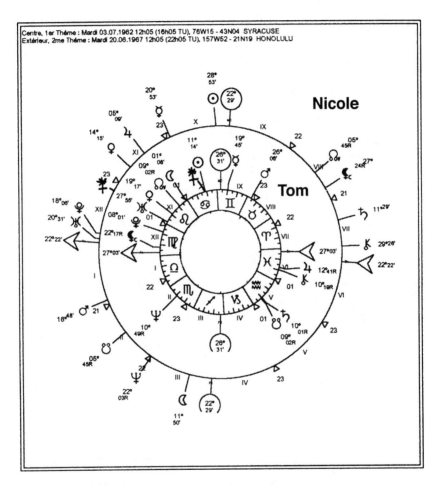

Synastrie de Tom Cruise et de Nicole Kidman

153

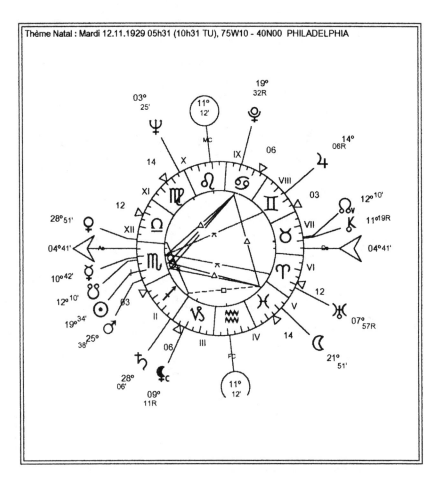

Thème Natal : Mardi 12.11.1929 05h31 (10h31 TU), 75W10 - 40N00 PHILADELPHIA

Thème Natal de Grace Kelly - Princesse de Monaco

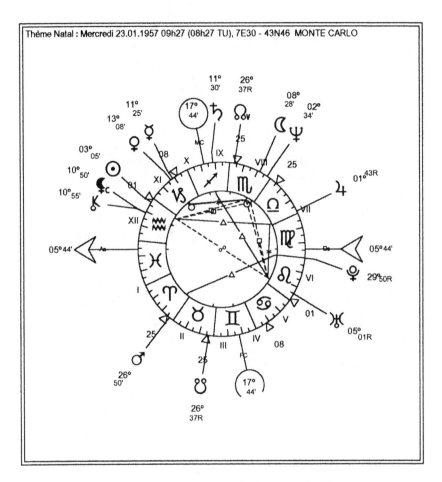

Thème Natal de Caroline - Princesse de Monaco

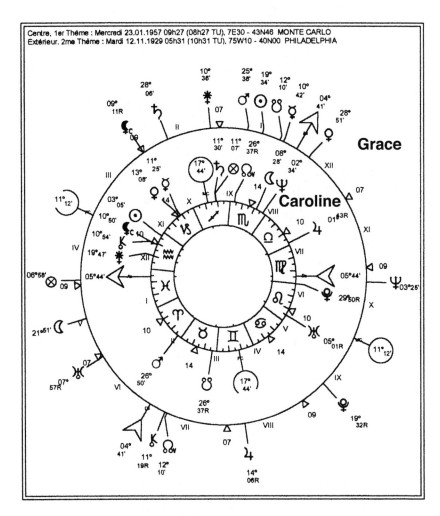

Synastrie de Caroline et de Grace

Chapitre 6

La Synastrie (2)

Interpositions
et retrouvailles karmiques

Étude des interpositions

Qu'est-ce qu'une interposition ? Une interposition est une planète d'un thème « A » qui tombe dans une maison d'un thème « B ».

Après avoir étudié tous les interaspects possibles entre les planètes de deux thèmes, il vous reste un travail important à effectuer : l'étude des maisons. Lorsque vous notez les planètes de deux personnes sur un même zodiaque des signes, vous pouvez en déduire comment les énergies de ces deux individus vont se mélanger et être compatibles ou non dans les différents secteurs de vie.

Il est important de savoir comment ces deux personnes se comporteront dans tel ou tel secteur de leur vie commune. Pour cela on peut utiliser un zodiaque vierge qu'on divise uniquement en douze parties (égales) représentant les douze maisons astrologiques ; ensuite on distribue dans les maisons de ce zodiaque toutes les planètes de chaque personne, les nœuds, Chiron, la Lune noire, selon leur position en maison dans leur thème respectif. On appelle cela « un zodiaque des maisons ».

Vous interprétez ensuite de la façon suivante :

1. Les maisons contenant des planètes des deux personnes sont les secteurs de vie commune les plus importants (surtout s'il y a plusieurs planètes) et, en même temps, ceux où les deux personnes se partagent les tâches. Chaque rencontre de deux planètes appartenant aux deux personnes s'interprète comme une superposition.

2. Les maisons ne contenant qu'une ou plusieurs planètes d'une seule personne montrent des secteurs de vie commune où seule la personne représentée cherche à imposer sa manière de faire ou prend en charge ce que symbolise cette maison.

3. Les maisons vides représentent les secteurs de vie commune les moins importants ou paradoxalement ceux qui représentent un défi pour cette relation.

Nous vous conseillons de noter les planètes de l'homme en rouge et celles de la femme en vert, par exemple.

Cette pratique est complémentaire à celle du zodiaque des signes présentée au chapitre précédent. Nous rappelons qu'avec le zodiaque commun des signes vous évaluez l'entente des deux personnes aux différents niveaux de leur être, alors qu'avec le zodiaque commun des maisons vous définissez le mode d'action des deux personnes dans les différents secteurs de leur vie commune.

Vous trouverez dans les pages suivantes un modèle vierge de zodiaque des maisons (que vous pouvez photocopier afin de vous exercer) ainsi que le zodiaque des maisons de Leonardo Di Caprio et Kate Winslet, à titre d'exemple. On y voit qu'ils partagent peu de secteurs de vie ensemble (ils ne sont pas compagnons dans la vie), si ce n'est la maison X où le Saturne de Leo accompagne quatre planètes de Kate : la reconnaissance et l'expansion sociales.

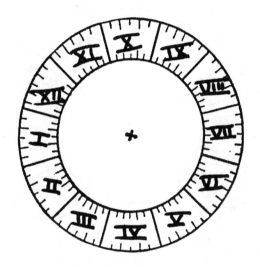

Modèle vierge de Zodiaque des Maisons

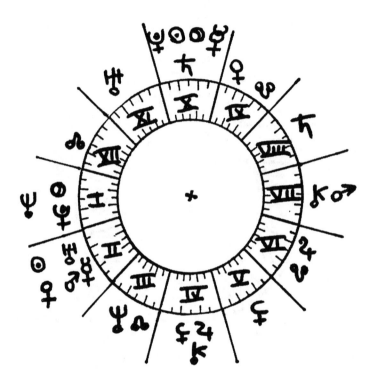

**Zodiaque commun des Maisons pour la Synastrie
(Exemple de Leonardo Di Caprio et Kate Winslet)**

Vous pourrez vous entraîner en établissant également le zodiaque des maisons de Tom Cruise et Nicole Kidman (dont vous trouverez l'étude des thèmes et de la synastrie en fin de chapitre).

L'as, le ds et leurs maîtres

L'axe AS/DS symbolise l'horizon et l'axe relationnel, d'où son extrême importance dans la synastrie. Quelle que soit la relation, l'attraction entre les deux personnes sera significative si et seulement si, vous trouvez des interaspects entre l'AS ou le DS d'une carte du ciel et une planète individuelle de l'autre thème. Toute relation importante ayant des possibilités de durabilité entre deux individus voit une planète individuelle, au moins, située dans le signe de l'AS ou du DS de l'autre thème. Dans de rares cas, ce manque est compensé par le fait que l'axe MC/FC ou celui des nœuds lunaires d'un thème se superpose à l'axe AS/DS de l'autre thème.

Les maîtres de l'AS et du DS sont également importants. Voici les différents cas où les positions des maîtres de l'AS ou du DS indiquent une relation significative et durable :

- Le maître de l'AS ou du DS d'un thème tombe dans le signe de l'AS ou dans le signe du DS de l'autre thème (par exemple, « A » est AS Taureau, Vénus maître de son AS est en Gémeaux qui est le signe du DS de son partenaire).

- La planète maîtresse de l'AS ou du DS d'un thème est dans l'AS ou le DS de l'autre thème (par exemple, vous êtes AS Cancer et la Lune de votre partenaire se situe dans son signe d'AS ou de DS).

- Les maîtres d'AS ou de DS des deux personnes sont superposés (dans le même signe : par exemple, « A » est AS Lion-maître le Soleil, et « B » est AS Sagittaire-maître Jupiter. Le Soleil de « A » est en Poissons et le Jupiter de « B » est également en Poissons).

161

• Les maîtres d'AS et/ou de DS des deux personnes sont dans des signes opposés (par exemple, Mercure maître d'AS de « A » est en Verseau et Vénus maître du DS de « B » est en Lion).

• Les deux AS ou l'AS d'un thème et le DS de l'autre thème sont sous la maîtrise de la même planète (en utilisant les maîtrises traditionnelles avec seulement sept planètes : Soleil, Lune, Mercure, Vénus, Mars, Jupiter, Saturne). C'est-à-dire lorsque :

> ➤ Bélier et Scorpion sont AS ou l'un est AS et l'autre DS car ils sont tous deux maîtrisés par Mars;

> ➤ Taureau et Balance sont AS ou l'un est AS et l'autre DS car ils sont tous deux maîtrisés par Vénus;

> ➤ Gémeaux et Vierge sont AS ou l'un est AS et l'autre DS car ils sont tous deux maîtrisés par Mercure;

> ➤ Sagittaire et Poissons sont AS ou l'un est AS et l'autre DS car ils sont tous deux maîtrisés par Jupiter;

> ➤ Capricorne et Verseau sont AS ou l'un est AS et l'autre DS car ils sont tous deux maîtrisés par Saturne;

> ➤ Le même signe se trouve à l'AS pour les deux thèmes ou à l'AS de l'un et au DS de l'autre thème;

> ➤ Les maîtres de l'AS des deux thèmes ou les maîtres de DS des deux thèmes ou le maître de l'AS d'un thème et le maître du DS de l'autre thème sont en interaspects de conjonction, de sextil ou de trigone.

À ces différents points, nous ajoutons que les planètes situées sur les autres angles (MC et FC) sont aussi importantes et indiquent une relation significative.

Lorsque les maîtres des signes solaires se situent dans les signes solaires de leurs partenaires nous avons également un indice de compatibilité positive (par exemple, le Soleil de « A » est en Balance et sa Vénus, maître du Soleil, est en Verseau, le Soleil de « B » est en Verseau et son maître Uranus est en Balance).

Synastrie par l'étude des interpositions

Nous avons vu que l'interposition est la position qu'occupe une planète en maison si on la place dans le thème d'une autre personne. L'astrologue américain Stephen Arroyo explique dans son livre *Les cycles astrologiques de la vie et les thèmes comparés* : « en comparant les horoscopes, j'ai deux démarches possibles. Si je désire savoir comment quelqu'un me perçoit, je place toutes mes planètes et mon ascendant dans son thème. Si je désire savoir comment mon expérience d'autrui est symbolisée astrologiquement, je dispose ses planètes et son ascendant dans mon thème. Les planètes doivent s'inscrire dans le degré du zodiaque de l'autre thème correspondant à leur place dans le mien. » Cette méthode est intéressante et complémentaire des deux précédentes. Ainsi, les planètes individuelles (et l'AS) indiquent les secteurs de vie qu'elles influencent le plus dans la vie d'autrui. Si le thème de « A » comprend plusieurs planètes venant se superposer aux maisons V et VII du thème de « B », il est probable que, si « A » et « B » sont de sexe opposé et d'âge approprié, cette relation sera très attractive et pourra déboucher sur une union. Si l'AS et les planètes individuelles du thème de « A » se superposent aux maisons III et IX du thème de « B », nous aurons certainement une relation intellectuelle, etc.

Interprétation des interpositions

- Votre maison où s'inscrit l'AS d'une autre personne est celle où vous serez le plus influencé par cette personne. Cette maison révèle également ce que vous ressentez au premier abord envers cette personne et quel secteur de votre vie sera immédiatement marqué par votre rencontre avec elle.

- Votre maison où s'inscrit le Soleil d'une autre personne se trouve dynamisée, vitalisée et vous pouvez, grâce à cette personne, exprimer plus facilement ce que cette maison contient. Vous faites de cette maison un secteur plus créatif et plus chaleureux.

Nota Bene : Pour cette interprétation et pour les suivantes l'inverse est identique, c'est-à-dire que la maison d'une autre personne où s'inscrit votre Soleil lui apporte de la vitalité, de la chaleur et de la créativité.

- Votre maison où s'inscrit la Lune d'une autre personne est celle où s'exprime davantage de sensibilité et d'émotion. La Lune crée une ambiance, une qualité émotionnelle qui vous touche. Elle révèle également une certaine instabilité. Elle favorise les changements dans le secteur où elle tombe. Elle montre dans quel secteur de votre vie vous êtes le plus touché par la sensibilité et/ou le charme de l'autre personne.

- Votre maison où s'inscrit le Mercure d'une autre personne est celle où s'échangent le plus d'idées et où la communication est la plus stimulée. La personne Mercure vous apporte son analyse, sa réflexion et sa connaissance. Mercure peut aussi se rendre superficiel et vous noyer sous de multiples informations. Jugez-en d'après les aspects et par les interaspects.

- Votre maison où s'inscrit la Vénus d'une autre personne souligne le secteur de votre vie où la plus grande harmonie peut exister grâce à elle. L'attirance, l'affection, les goûts esthétiques, le charme, l'amour et la création artistique brillent dans ce secteur. Dans le cas d'une Vénus inharmonieuse, cette planète crée de la jalousie, de la possessivité et un intérêt matériel et vénal.

• Votre maison où s'inscrit le Mars d'une autre personne est fortement stimulée et remplie d'énergie. Mars crée un esprit d'initiative, des décisions, des désirs voire des risques plus ou moins calculés dans ce secteur. Il vous aide à vous dépasser et à aller de l'avant. Il vous donne du courage, de l'ambition et l'envie de réaliser vos désirs en rapport avec ce secteur. Parfois, l'attirance sexuelle est intense.

• Votre maison où s'inscrit le Jupiter d'une autre personne est celle où l'épanouissement est favorisé. Jupiter est généreux, enthousiaste et bon vivant. Cette position d'un Jupiter fort indique une personne pouvant vous apporter une certaine sagesse. Un Jupiter faible apporte un excès et une mégalomanie qui vous porteront préjudice.

• Votre maison où s'inscrit le Saturne d'une autre personne est celle où vous avez le plus à apprendre de celle-ci. Même si cette interposition est ressentie souvent comme limitative et frustrante (surtout au début de la relation), elle souligne ce que cette personne est venue vous montrer pour vous aider à évoluer. Saturne vous enseigne à prendre vos responsabilités, à être plus patient et à vous détacher par rapport au secteur impliqué. Saturne apporte la sécurité, la confiance en soi et la durabilité. Un Saturne négatif crée la culpabilité, la frustration et la peur.

• Votre maison où s'inscrit l'Uranus d'une autre personne est celle où les surprises sont les plus courantes et les plus étonnantes. C'est un secteur très excitant mais aussi très instable. Uranus introduit de la liberté et de l'indépendance ainsi que de l'originalité, voire de l'extravagance dans ce secteur. Il vous aide à voir les choses autrement et à changer votre attitude. Il pousse à la nouveauté et stimule l'éveil à d'autres façons d'être.

• Votre maison où s'inscrit le Neptune d'une autre personne est un lieu recouvert d'un voile de mystère ayant un charme fascinant. C'est un secteur propice aux déceptions et aux illusions. Avec Neptune, tout est flou et énigmatique. Mais il crée aussi une communion d'âmes et un côté mystique qui sont favorables à une recherche spirituelle pleine d'inspiration et de ressentis. Cependant, Neptune c'est aussi la tromperie, l'illusion et l'erreur.

- Votre maison où s'inscrit le Pluton d'une autre personne est un secteur où celle-ci vous aide à vous transformer, à lâcher le passé pour vous ouvrir à l'inconnu. Ce secteur peut être vécu dans la souffrance si vous êtes trop attaché à vos acquis. Pluton vous guide vers une renaissance totale après avoir fait table rase de vos anciennes attaches en rapport avec ce secteur. Pluton joue un rôle d'initiateur.

Nota Bene : L'étude d'Uranus, Neptune et Pluton s'avère sans grand intérêt pour les gens de la même génération ayant un AS commun (car ces trois astres tomberont dans les mêmes maisons des deux thèmes).

Pour réaliser ces interpositions, nous vous conseillons de photocopier votre carte du ciel et celle de la personne de votre choix. Ensuite, vous inscrivez vos planètes et votre ascendant sur la photocopie de la carte du ciel de l'autre personne puis vous inscrivez les planètes et l'ascendant de celle-ci sur la photocopie de votre carte du ciel.

Comment réagissent vos maisons

- Les planètes de l'autre personne s'inscrivant dans votre maison I ont un puissant impact sur votre personnalité et vous avez tendance à vous identifier à la nature des planètes de l'autre. Ces planètes sont celles qui marquent la plus grande influence de cette personne sur vous.

- Les planètes s'inscrivant dans votre maison II ont un impact sur votre sens des valeurs et sur vos possessions. Elles peuvent indiquer un lien avec vos finances ou déclencher une grande sensualité. Elles montrent une notion d'intérêt matériel et pratique.

- Les planètes s'inscrivant dans votre maison III ont tendance à stimuler vos capacités de communication et vos qualités intellectuelles. Elles sont liées à l'écriture, aux études ou au développement de votre pensée. Elles stimulent un besoin de bouger, de voyager et/ou d'aller chercher des informations, des connaissances.

- Les planètes s'inscrivant dans votre maison IV vous touchent dans ce qu'il y a de plus intime en vous. Ces planètes vous rendent vulnérable et très sensible. Elles ont un impact sur l'ambiance que vous souhaitez vivre avec autrui et sur la possibilité ou non de vivre en paix et en harmonie avec cette personne dans un foyer commun.

- Les planètes s'inscrivant dans votre maison V affectent vos capacités créatrices, amoureuses et vos activités de loisirs. Ces planètes montrent la manière dont vous vous plaisez ou non avec cette personne et le type d'attrait et de comportement qui en résultera.

- Les planètes s'inscrivant dans votre maison VI tendent à modifier votre vie quotidienne en bien ou en mal. Cette influence est forte, de même qu'avec son opposée la maison XII (axe karmique). Soit cette personne vous aide à sortir de la routine quotidienne et de vos limitations et vous pousse à vous purifier et à vous épanouir, soit elle vous limite davantage, vous bloque et vous frustre. Soit vous vous sentez stimulé dans vos activités, soit cette personne vous critique et vous décourage dans vos entreprises.

- Les planètes s'inscrivant dans votre maison VII stimulent l'aspect « miroir » : soit elles vous renvoient une image positive de vous-même à travers vos qualités dont vous pouvez ainsi prendre conscience (si les planètes sont positives), soit elles vous poussent à vous remettre en question en vous renvoyant une image négative de vous-même à travers vos défauts (si les planètes sont négatives). Ces planètes apportent un échange, un partage d'expériences généralement intimes avec autrui. Elles octroient un besoin d'équilibre, d'harmonie et d'union ou d'association.

- Les planètes s'inscrivant dans votre maison VIII stimulent votre désir sexuel ou le frustrent (Mars dans le premier cas et Saturne dans le second cas). Elles vous aident à vous transformer. Elles soulignent une possibilité d'éveil spirituel et/ou une remise en question de la mort ou de la réincarnation ou de tout sujet ésotérique. Elles sont liées à des notions de pouvoir et de possession. Elles témoignent d'un lien très profond avec l'autre personne (comme les astres en IV et en XII) qui est de nature karmique. Le Soleil, la Lune ou Vénus, ici, montrent un amour datant d'une autre vie.

- Les planètes s'inscrivant dans votre maison IX influencent vos idées intellectuelles, religieuses, politiques, philosophiques, ésotériques ou spirituelles. Elles vous aident à évoluer spirituellement et à vous épanouir, ou elles vous bloquent et vous éloignent de votre évolution (selon les interaspects). Cette personne peut vous orienter ou vous guider. Voyages importants.

- Les planètes s'inscrivant dans votre maison X modifient votre comportement social et influencent votre carrière. Ces planètes vous aident à vous réaliser socialement et à atteindre vos buts extérieurs. Elles révèlent parfois une carrière partagée avec cette personne. Ces planètes désignent le type d'ambition, d'image publique et de carrière que vous souhaitez mener à bien par rapport à cette personne. Cette personne exerce, de toute façon, une influence sur vous et elle peut vous diriger socialement.

- Les planètes s'inscrivant dans votre maison XI influencent vos projets et espoirs ainsi que votre manière de concevoir vos rapports amicaux. Cette personne entretient des rapports amicaux avec vous et vous aide à atteindre vos buts intérieurs. Des planètes faibles dans votre secteur XI créent toutes sortes d'illusions et de déceptions concernant les amis ou les projets. Des planètes fortes favorisent les amitiés, la réalisation des projets, les relations dans les groupes ou les associations et les buts humanitaires.

- Les planètes s'inscrivant dans votre maison XII touchent votre vie intérieure, vos qualités de ressenti, de perceptions spirituelles et de créativité. Cette relation est profonde et karmique. Ces planètes vous fragilisent mais vous aident à entamer une transformation intérieure et une évolution spirituelle. Vos dons peuvent se révéler. Parfois, il s'établit un lien quasi télépathique avec cette personne. Par ailleurs, cette personne peut créer en vous la confusion et un sentiment de peur et de culpabilité (vous pouvez croire que vous lui devez quelque chose, à tort ou à raison). Les planètes tombant dans votre maison XII soulignent une rencontre dans une autre existence. Parfois, cette personne saura vous toucher et d'autres fois, vous la ressentirez comme envahissant votre monde intérieur !

Nota Bene : Plusieurs planètes tombant dans vos maisons II-IV-VI-VIII-X et XII permettent une relation plus durable que lorsqu'elles tombent dans les maisons I-III-V-VII-IX et XI.

Si vous souhaitez aller plus loin dans cette méthode d'interprétation, nous vous recommandons le livre de Ronald Davison *Rencontres astrales* (paru chez l'Espace Bleu).

Les retrouvailles karmiques

Toute relation importante est d'essence karmique. Il en résulte qu'elle recèle une part karmique négative plus ou moins conséquente. Cela signifie que deux personnes vivant cette relation ont un bagage commun antérieur à cette existence et que celui-ci contient certaines leçons relationnelles essentielles à la croissance de chacune des deux personnes en présence. Cela sous-entend que ce type de relation est générateur d'une évolution spirituelle pour chaque individu.

Dans ces situations, nous parlons de « retrouvailles karmiques », c'est-à-dire que deux personnes qui viennent de se rencontrer se connaissent en fait depuis d'autres existences et ont déjà expérimenté d'autres relations ensemble. Ces retrouvailles karmiques présentent davantage de bénéfices ou d'inconvénients selon que le lien karmique est plutôt négatif ou positif.

Sans utiliser l'astrologie, vous pouvez reconnaître vos retrouvailles karmiques. Celles qui sont plutôt positives se traduisent par une sympathie spontanée pour un(e) inconnu(e) dès la première rencontre. Il en résulte une amitié ou un amour qui se développe très rapidement. Le fameux « coup de foudre » est l'indice de retrouvailles karmiques pour le meilleur ou pour le pire, car cette relation est rarement durable bien qu'intense.

La rencontre de deux âmes sœurs (deux individualités qui se sont connues et aimées dans d'autres vies et qui ont un lien karmique plutôt positif) se caractérise par un sentiment de reconnaissance, par l'impression que l'on connaît déjà cette personne ou que l'on a déjà eu l'occasion de la rencontrer; on s'entend très bien avec elle dès les premiers instants de la rencontre, ayant l'impression d'être parfaitement compris par elle et de la comprendre en devinant quasiment ses pensées; on éprouve une grande attirance physique, intellectuelle et sentimentale et la sensation d'aimer le même type d'ambiance qu'elle et de s'y sentir bien avec elle. De telles retrouvailles d'âmes sœurs seront profitables à l'évolution des deux personnes.

Si vous n'éprouvez pas tout ce qui vient d'être décrit en présence de l'être aimé, alors cela ressemble peut être à des retrouvailles d'âmes sœurs mais ce n'en sont pas ! Attention aux illusions !

Le but des âmes sœurs est de s'entraider pour leur évolution et, pour cela, elles doivent savoir ce qu'elles peuvent réaliser ensemble. Les âmes sœurs sont sur la même longueur d'onde, elles apprendront ensemble beaucoup sur les relations humaines et se motiveront l'une l'autre. Si vous avez rencontré une âme sœur, vous êtes un(e) privilégié(e) et vous n'avez pas le droit de gâcher cette chance.

Il est rare que, dans le courant d'une vie, l'on ne rencontre pas au moins une âme sœur. Certaines personnes en rencontrent plusieurs ! Dans votre thème natal, le Soleil, la Lune ou Vénus en aspect de conjonction, de sextil ou de trigone avec Pluton ou en maison VIII sont des indications de plusieurs rencontres d'âmes sœurs.

Il existe également des retrouvailles karmiques négatives, c'est-à-dire des rencontres avec des personnes du passé avec lesquelles les relations précédentes ont été mal vécues et ont créé des dettes karmiques (un des deux partenaires a fait souffrir l'autre et a contracté une dette envers lui). Les interaspects de carré ou d'opposition (et même de quinconce) révèlent les problèmes à résoudre entre deux individus. Si ces interaspects impliquent des planètes individuelles d'une part et Saturne ou Pluton d'autre part et/ou les maisons VIII et XII, vous êtes en présence de retrouvailles karmiques délicates.

Parfois, en comparant les thèmes d'un couple, l'astrologue se demande pourquoi ces deux personnes se sont mariées. Les interaspects sont, dans l'ensemble, négatifs et la synastrie s'avère décourageante, et pourtant, ce couple existe depuis plusieurs années. La raison de cette situation est généralement karmique. Ces deux personnes ont certainement des expériences/épreuves à vivre ensemble (et des comptes à régler !). Même si l'astrologue les avait rencontrées avant leur mariage, il est probable qu'il n'aurait pas pu les dissuader de s'unir (d'ailleurs il n'aurait pas essayé car un astrologue n'a pas le droit d'influencer qui que ce soit ni d'intervenir dans le karma d'autrui). Il se serait contenté de présenter les points forts et les points faibles de cette relation).

Les retrouvailles karmiques négatives sont là pour vous aider à croître spirituellement en résolvant certains problèmes relationnels. Mais, à notre époque où le plan émotionnel et sentimental est si perturbé au niveau planétaire à cause de l'égoïsme croissant, il est difficile de résoudre un karma sentimental et la plupart des gens échouent. Au bout de quelques années de mariage (généralement sept, neuf, quatorze ou dix-huit ans qui sont des cycles majeurs), si le karma négatif n'est pas résolu (ce qui est facile à juger selon l'entente du couple), il vaut mieux qu'il se sépare. Bien souvent, au fil des années, les deux personnes ont évolué vers des voies totalement différentes et rester ensemble les bloque toutes deux. Personne n'est obligé de vivre avec quelqu'un de particulier. Le seul but est l'évolution et si vous vous trouvez dans une situation qui empêche votre évolution, vous devez changer cette situation. Chacun a plusieurs occasions de rencontres karmiques positives ou négatives à notre époque où nous côtoyons beaucoup plus de gens que dans les siècles passés. Se bloquer sur une seule mauvaise rencontre est une grave erreur de jugement.

L'individu qui cherche à évoluer essaie de saisir l'importance de chaque relation afin de croître le plus possible (et d'aider à croître) et de vivre des relations harmonieuses avec les retrouvailles positives; il tâchera de régler un maximum de problèmes karmiques avec les retrouvailles négatives et surtout d'en tirer des leçons pour s'améliorer. Cela n'implique nullement de changer de nombreuses fois de partenaire amoureux. Il s'agit d'être suffisamment responsable et mature pour vivre ses relations en donnant et en recevant le plus et le mieux possible.

Voici ce que souligne l'astrologue américain Martin Schulman dans son ouvrage *Karmic Relationship* :

> *Le karma tend à s'exprimer à travers un ensemble d'expériences similaires qui se manifestent sur une période de quelques années. Quand nous débutons une relation, c'est souvent parce que nous voyons inconsciemment quelque chose chez l'autre individu qui peut nous aider à résoudre un problème karmique. En d'autres mots, nous attirons qui nous avons besoin au moment de notre vie où nous sommes prêts à comprendre.*

Il faut savoir que les rencontres karmiques importantes pour notre évolution sont planifiées dans le monde spirituel, lors de la préparation de cette incarnation, dans l'entre-deux vies. Nous avons le choix de les subir inconsciemment ou au contraire d'essayer de comprendre la raison d'être spirituelle de chacune. C'est en cela que l'astrologie Holistique relationnelle nous aide.

Nota Bene : Lorsque nous parlons de retrouvailles karmiques vous devez bien comprendre qu'elles se réalisent dans toutes les formes de relations possibles (amour, amitié, parent/enfant, professionnelle, associative, professeur/élève, frère/sœur, etc.).

Indications astrologiques de retrouvailles karmiques

Saturne représente la leçon karmique dans le thème natal. Sa position en maison révèle généralement un lien karmique que vous avez avec :

- un frère ou une sœur (Saturne en III);
- votre mère (Saturne en IV);
- votre père (Saturne en V);
- vos enfants (Saturne en V);
- un oncle ou une tante (Saturne en VI);
- des collègues de travail (Saturne en VI);
- votre conjoint(e) (Saturne en VII);
- vos grands-parents (Saturne en VII);
- un beau-frère ou une belle-sœur (Saturne en IX);
- un supérieur hiérarchique (Saturne en X);
- des amis (Saturne en XI).

En astrologie relationnelle, Saturne montre les leçons karmiques que nous avons à vivre avec autrui. Il est logique de penser que c'est avec les gens que nous connaissons le mieux, depuis plusieurs vies, que nous partageons le plus de karma (positif ou négatif).

Saturne revêt une grande importance dans les synastries de retrouvailles karmiques et notamment celles d'âmes sœurs. Dans ces dernières, Saturne se superpose au Soleil, à la Lune ou à Vénus (ou à l'AS) sans compter qu'il s'y ajoute d'autres interaspects.

Lorsque Saturne se superpose au Soleil, à la Lune, à Vénus ou à l'AS vous êtes en présence de deux âmes sœurs qui se sentent très attirées l'une par l'autre par des tendances à la fois sensuelles et spirituelles. Ce type de lien est généralement durable. À noter que Saturne peut se situer aussi au mi-point (au milieu) des paires Soleil/Vénus, Soleil/Lune ou Lune/Vénus (pour les trouver, vous additionnez les positions zodiacales des deux planètes et vous divisez par deux; pour plus de détails, se reporter à la troisième partie de cet ouvrage sur le thème composite).

Vous avez vu au chapitre précédent que les planètes de l'autre tombant dans vos maisons IV-VIII et XII peuvent indiquer des liens karmiques. Le Soleil, la Lune ou Vénus tombant dans votre maison IV montre un lien familial ou conjugal antérieur. Le Soleil, la Lune ou Vénus tombant dans votre maison VIII marque le retour d'un amour du passé. Le Soleil, la Lune ou Vénus tombant dans votre maison XII souligne un lien karmique sentimental d'une autre vie. La qualité d'une telle retrouvaille karmique dépend de la qualité des interaspects impliquant le Soleil, la Lune ou Vénus.

Lorsque plusieurs planètes se retrouvent dans vos maisons IV-VIII et XII elles désignent une personne qui sait vous percer à jour facilement et devant laquelle vous vous sentez vulnérable (cet état est dû à des relations intimes datant d'autres existences). Ouvrez-vous à elle si vous avez confiance en elle; sinon restez observateur !

Les nœuds lunaires révèlent également les retrouvailles karmiques. Dans toute retrouvaille karmique on trouve des planètes en interaspects aux nœuds lunaires (et/ou le nœud nord d'un thème se situe dans une maison angulaire de l'autre thème). À la section du chapitre 5 intitulée « Interprétation des interaspects » nous avons indiqué que toute superposition au nœud sud souligne une dette karmique (donc une retrouvaille plutôt négative) alors que toute superposition au nœud nord annonce de possibles retrouvailles d'âmes sœurs. Dans ce même chapitre, nous avons noté que les nœuds nord de deux thèmes s'opposant soulignent un lien karmique positif (ce peut être un indice de retrouvailles d'âmes sœurs si d'autres éléments viennent le confirmer).

Dans les retrouvailles karmiques, on trouve souvent un interaspect avec la Lune noire. La superposition provoque une attirance irrésistible quasi hypnotique entre les deux personnes, surtout avec Vénus, Mars, la Lune et le Soleil. Lorsqu'une telle superposition est présente, le partenaire dont la planète est impliquée est fasciné par la Lune noire et s'il s'agit d'une personne du sexe opposé, éprouve une puissante attirance physique instinctive pour elle. Les autres interaspects sont beaucoup moins significatifs. Parfois, lorsque la Lune noire se superpose au Soleil, à la Lune ou à l'AS, elle montre que la personne Soleil, Lune ou AS a une dette envers la Lune noire (si cela est confirmé par d'autres indices).

Les interaspects de Chiron (et surtout les superpositions) créent une grande attirance entre deux personnes; la personne « Chiron » inspire l'autre dans le secteur de sa planète. La nature de cette attraction dépend de l'autre planète impliquée :

- avec le Soleil, on a deux âmes sœurs sur la même voie;
- avec la Lune, on a un puissant échange émotionnel;
- avec Mercure, l'attraction est intellectuelle;
- avec Vénus, l'attirance est sensuelle et sentimentale;
- avec Mars, l'attirance est physique, active et/ou sexuelle;
- avec Jupiter, on a deux bons vivants ou deux personnes engagées sur une voie spirituelle;
- avec Saturne, on a deux individus engagés dans un enseignement ou la compréhension d'une même leçon karmique importante;
- avec Uranus, Neptune ou Pluton, on obtient un besoin de transcendance;
- avec le nœud nord, on a deux personnes engagées sur la même voie évolutive.

Les interaspects spécifiquement karmiques

Lorsque les Lunes de deux personnes sont dans le même signe il se produit une sorte de communion émotionnelle et affective entre elles qui peut être le résultat d'une relation sentimentale dans une vie antérieure (surtout dans les signes du Taureau, du Lion ou de la Balance; en Scorpion, cela indique une passion antérieure destructrice; en Gémeaux, c'est une relation frère-sœur; en Verseau, il s'agit d'une relation amicale; en Cancer, c'est une relation familiale). Ce type de superposition crée un lien puissant et durable car les deux personnes aiment le même type d'ambiance et le même type de foyer.

➤ **Superposition Soleil/Saturne :** Saturne enseigne au Soleil et lui apporte la sécurité en l'aidant à comprendre sa vie. Le Soleil a souvent une dette vis-à-vis de Saturne. Cette relation est profitable et durable pour deux personnes ouvertes à la spiritualité. Dans le cas contraire, le Soleil se sent frustré. Cet interaspect est fréquent dans les rencontres d'âmes sœurs.

➤ **Superposition Lune/Saturne :** autre interaspect fréquent dans les synastries d'âmes sœurs. Ici Saturne a des leçons spirituelles à enseigner à la Lune. Cet interaspect révèle un karma non résolu d'une autre vie où ces deux personnes étaient mariées. Ces personnes doivent devenir plus matures. La Lune a une dette envers Saturne.

➤ **Superposition Lune/Pluton :** elle montre un puissant lien psychique et une forte attirance sexuelle. Cette relation est intense. Elle indique la reconstitution d'un foyer d'une autre vie (surtout si elle se situe en Cancer, en Lion ou en Balance).

➤ **Superposition Vénus/Saturne :** interaspect typique d'âmes sœurs soulignant un amour défiant le temps où Saturne doit stabiliser Vénus. La relation est généralement durable et harmonieuse. Elle conduit souvent à une union (à noter que Vénus et Saturne sont les deux maîtres du signe de la Balance, signe de la complémentarité).

➤ **Superposition Vénus/Pluton :** elle apporte une puissante attraction sentimentale et sexuelle qui reconstitue un amour d'une autre existence qui a pu se terminer d'une façon dramatique. Force de régénération.

➤ **Superposition Mars/Saturne :** Saturne apporte une certaine maîtrise, une certaine sagesse à Mars en l'aidant à se contrôler et à mieux utiliser ses énergies. Généralement, Mars a une dette envers Saturne. Cet interaspect lie passion et ambition et/ou action et réflexion.

➤ **Superposition Mars/Pluton :** elle désigne une retrouvaille karmique passionnelle. Les deux êtres en présence ont vécu autrefois une passion intense qui renaît sous de nouvelles formes aujourd'hui. Grande motivation mutuelle, source d'action, de créativité et de transformation de soi. Ces deux planètes se combinent très bien et créent un grand potentiel de croissance. Cependant les rapports peuvent être passionnés et explosifs.

➤ **Superposition Saturne/Pluton :** cet interaspect est très significatif de rencontres karmiques. Il révèle un lien à but profondément évolutif où Saturne vient canaliser la puissance de Pluton et Pluton aide Saturne à lâcher son passé. Il semble que cet interaspect se produise lorsqu'un cycle karmique s'achève entre deux personnes; cela signifie qu'il y a une chance pour qu'une vieille dette soit enfin réglée et la leçon en découlant comprise. Saturne apprend à son partenaire plutonien à ne pas gaspiller ses énergies afin de ne pas s'autodétruire et à les mettre au service d'une créativité au service de l'humanité. Ce service libère Saturne de son karma avec Pluton.

➤ **Superposition Saturne/AS :** cet interaspect se retrouve dans les synastries d'âmes sœurs et montre que l'AS a une dette envers Saturne. Saturne vient enseigner quelque chose à l'AS et peut lui apporter la sécurité, la stabilité et l'aider à évoluer. Dans une relation sentimentale, cet interaspect pousse à vivre un mariage. Ce lien est généralement durable.

➤ **Superposition Pluton/AS :** cet interaspect montre deux personnes ayant vécu une passion sentimentale dans une vie précédente (surtout pour la génération ayant Pluton en Lion). Le lien karmique résultant de cette histoire sentimentale peut être soit positif soit négatif. Pluton a un magnétisme hypnotique sur l'AS qu'il fascine. Il peut jouer un rôle d'initiateur. Pluton peut aider l'AS à se transformer.

➤ **Interposition Pluton/Maison V :** elle indique un lien karmique entre deux amoureux (reconstitution d'une histoire d'amour) mais peut montrer aussi un lien karmique parent/enfant où Pluton représente l'enfant et où la maison V appartient au parent. Il s'ensuit une grande complicité et un lien puissant. La qualité de cette retrouvaille se juge d'après les aspects de Pluton.

➤ **Interposition Soleil/Maison VIII :** puissant lien karmique. Le Soleil semble avoir une dette envers la maison VIII. Le paiement de la dette est facilité ou non selon les aspects du Soleil. Cette relation est attractive, très magnétique et porteuse d'évolution. Le Soleil est un amour d'une autre vie pour la VIII.

➤ **Interposition Vénus/maison VIII :** grande attirance sexuelle. Souvent cette interposition révèle la poursuite d'un lien amoureux d'une existence précédente.

➤ **Interposition Saturne, Pluton ou Lune noire/maison VII :** ces interpositions indiquent des retrouvailles karmiques plutôt négatives où les partenaires ont de vieilles dettes à régler. Généralement c'est le partenaire maison VII qui doit payer une dette à son partenaire Saturne (ou Pluton ou la Lune noire). Si les aspects de Saturne (ou Pluton ou Lune noire) sont stressants, la relation risque d'être sérieusement conflictuelle.

➤ **Interaspects de Neptune avec une planète individuelle :** il semble que les superpositions de Neptune poussent la personne dont le Neptune est impliqué à rendre service à son partenaire. Ces superpositions montrent un lien karmique plutôt favorable où les deux partenaires sont des âmes qui se rendent service mutuellement. Dans cette vie, il semble que ce soit au tour de Neptune d'agir. Généralement, il y a une grande complicité entre ces deux personnes.

Rappelons que vous ne devez retenir l'hypothèse de retrouvailles karmiques que lorsque vous avez relevé plusieurs indices se confirmant mutuellement. Généralement vous noterez cinq ou six éléments parmi ceux que nous vous avons indiqués.

Par ailleurs, lorsque nous écrivons qu'une personne a une dette envers son partenaire, cela ne signifie pas que vous devez le considérer comme un malfaiteur de la pire espèce alors que son partenaire se verrait auréolé d'une pureté virginale ! En vérité, dans toute rencontre karmique aucun des partenaires n'est tout blanc ou tout noir. Cependant la synastrie met, parfois, l'accent sur une dette karmique particulière que l'un des partenaires doit régler au profit de son compagnon. Surtout, restez prudent dans vos interprétations et ne jugez jamais autrui, si vous ne voulez pas être jugé. N'oubliez pas que si nous sommes sur cette Terre c'est que nous avons tous beaucoup à apprendre et à assimiler. Et rappelez-vous que toutes nos relations, sans exception, sont miroirs de ce que nous portons à l'intérieur de nous et en tant que tels, de formidables moyens de se connaître et d'évoluer.

Pour terminer cette partie sur la synastrie voici quelques conseils :

- Prenez votre temps pour interpréter une synastrie; c'est un art complexe et il faut étudier tous les interaspects et toutes les interpositions avant d'en avoir une vision globale permettant de porter une appréciation.

- Les rapports humains sont compliqués et il est logique de trouver des contradictions dans une synastrie. Ne vous hasardez jamais à conseiller quelqu'un sur une relation avant d'avoir examiné consciencieusement les thèmes natals (on ne réalise pas de synastrie avant d'avoir acquis une bonne maîtrise de l'interprétation du thème natal).

- Ne faites jamais de synastrie pour des gens que vous ne connaissez pas. Vous avez besoin d'un minimum d'informations les concernant. N'oubliez pas que l'astrologie n'est pas de la voyance ou de la divination (ce qui n'a rien à voir avec le ressenti qu'un astrologue développe en ouvrant son cœur).

- Si vous avez une bonne connaissance des principes de la synastrie et que l'on vous demande votre avis sur la variabilité d'une relation, étudiez la synastrie d'une manière complète avant d'en exposer le pour et le contre, en restant totalement détaché. Mettez l'accent sur les points positifs permettant l'épanouissement de la relation et indiquez les points faibles en soulignant ce qui pourrait être fait pour s'améliorer (si vous êtes capable de trouver des idées à ce sujet) mais gardez-vous bien de donner votre opinion car vous n'êtes pas là pour juger mais pour évaluer impartialement les chances et le potentiel d'une relation. Parfois, une relation très négative renferme le plus grand potentiel de transformation et d'évolution possible pour les deux partenaires. Soyez informateur ou conseiller mais jamais « décideur » !

L'astrologie ne doit jamais servir à donner des solutions toutes faites aux faibles et aux assistés mais plutôt à révéler l'individu à lui-même afin qu'il règle ses problèmes tout seul, qu'il accepte ses responsabilités et qu'il utilise pleinement son potentiel de croissance et son libre arbitre.

Exemple

Étude des thèmes natals de Tom Cruise et Nicole Kidman et de leur synastrie

Vous trouverez dans les pages suivantes le thème natal de Nicole Kidman, celui de Tom Cruise ainsi que la synastrie de ce couple d'acteurs. L'étude de leur composite est présentée au chapitre 8.

Comme toujours, il faut commencer par étudier les thèmes natals des deux partenaires.

THÈME DE NICOLE KIDMAN

C'est une jeune femme flamboyante qui présente une magnifique pyramide en feu comprenant la Lune, Vénus ainsi que Jupiter et Saturne, les planètes sociales : son charme et sa féminité rayonnent et lui apportent reconnaissance dans sa société.

Son thème est un modèle « seau », ce qui montre une formidable énergie. L'anse du modèle est Saturne en Bélier, qui apporte une forte individualisation, trace d'une personne solide et leader.

Uranus conjoint Pluton à l'ascendant Vierge allie magnétisme et cinéma, ce qui est confirmé par l'astéroïde Sappho conjoint à Jupiter/Vénus en maison XI (maison du cinéma) qui en fait une grande séductrice du septième art.

Nicole possède un très beau thème, équilibré et très créateur (configuration « cerf-volant »). Elle présente également la configuration dite des « ailes d'oiseau », configuration mercurienne qui accentue la dominance de Mercure dans son thème car cette planète maîtrise aussi son Soleil (Gémeaux) et son ascendant (Vierge) : cette jeune femme à l'esprit ouvert est intellectuelle et curieuse. Les « ailes d'oiseau » comprennent la planète Mercure en Cancer maison XI, aspectée par les trois trans-saturniennes, Uranus, Neptune et Pluton : ceci nous confirme une pensée ouverte au spirituel. La quête de sagesse ressort à travers l'ascendant Vierge, la planète Jupiter conjointe à Vénus (conjonction forte puisque pivot des deux configurations) et la Lune en Sagittaire. Nicole a une profonde quête de pureté et d'idéal.

Son point faible est son karma d'agressivité (verbale) : le carré de Mercure à Mars, le carré de Pluton/Uranus à la Lune en III, la Lune noire en Bélier maison VIII et Mars opposé Saturne en Bélier le confirment pleinement !

Petit clin d'œil : Amor sur la cuspide de la maison VII prédispose la belle à trouver l'âme sœur...

THÈME DE TOM CRUISE

La star, qui présente aussi une configuration « cerf-volant », très créatrice, mais en signes d'eau, est plus émotive que sa femme. D'autant plus que son Soleil est en Cancer; derrière son apparente fermeté, Tom est hyper sensible et se protège énormément derrière une carapace de gagnant; il a une immense peur d'être blessé affectivement et refoule sa sensibilité et ses émotions (voir configuration « boomerang » (les deux yod sur Saturne, avec Lune opposée à cette planète).

La pyramide en eau (trigones Soleil/Neptune/Jupiter-Chiron) indique qu'il est très attiré par le domaine spirituel ou psychique (son appartenance au mouvement de la « scientologie » le montre, en dehors de tout jugement de valeur sur cette organisation).

Son ascendant Vierge marque son perfectionnisme et son idéal de pureté.

Par son nœud sud en Verseau maison V, Tom ramène des dons créateurs et beaucoup d'inventivité de ses vies passées.

Sa Lune est en feu (Lion), ce qui marque son besoin de briller ainsi que le choix d'une femme de feu (Nicole).

Sappho en maison VII est l'indice d'une passion sexuelle vécue dans l'union.

L'ascendant de Nicole est conjoint à la Lune noire de Tom : Tom cherche à voiler la culpabilité et le sentiment de dénigrement de soi lié à la blessure Lune noire par l'image de femme parfaite qu'il projette sur Nicole et qu'elle incarne avec application. L'ascendant de Nicole, qui tombe dans sa maison XII, indique qu'il idéalise sa femme, la rêve (c'est pourquoi il a choisi d'épouser une star, femme mythique); ceci est à double tranchant : Nicole peut appuyer sur sa blessure par son esprit critique.

L'acteur vit dans son monde de rêve (cinéma) car il a une très grande puissance d'imagination (pyramide en eau).

Mars et Vénus en carré en signes fixes témoignent d'un karma d'attachement affectif c'est-à-dire d'une fragilité affective assortie de jalousie et de possessivité.

Sa fragilité émotionnelle l'amène à tout contrôler et à veiller à chaque détail par peur de déplaire. Son insécurité affective lui donne le besoin d'une union stable, d'un mariage solide, ce qui est confirmé par l'astéroïde Junon conjoint Soleil en Cancer; il donne lui-même une apparence de stabilité, de sécurité que recherche Nicole qui a Saturne en maison VII.

SYNASTRIE DE TOM ET NICOLE

Les deux stars ont beaucoup de points communs et s'entendent à merveille.

Tous deux ont le Soleil en X, signe d'ambition sociale. Ce sont deux fortes personnalités. Ils sont complémentaires comme le montrent leurs natures « inversées » : le Soleil de Nicole est en air et sa pyramide est en feu, tandis que le Soleil de Tom est en eau comme sa pyramide.

Tous deux sont ascendant Vierge et ont le goût commun du perfectionnisme et de l'amélioration de soi. L'un comme l'autre veulent être des modèles. Le maître d'ascendant de Nicole (Mercure) est en Cancer dans le signe solaire de Tom; le maître d'ascendant de Tom (Mercure) est en Gémeaux, signe solaire de Nicole, ce qui est l'indication manifeste d'une très grande compatibilité entre les deux acteurs.

Tom a la Lune et Vénus en Lion, ce qui rappelle l'aspect feu de Nicole. Son nœud nord se superpose à Vénus (plus Sappho) de Nicole : il la voit comme une femme lumineuse qui le fascine (et lui renvoie son propre besoin de briller). Tous deux sont nés un mardi, jour de Mars, et présentent un Mars en signes vénusiens, ce qui signe la sensualité et la passion qui animent chacun et qu'ils partagent pleinement.

La Lune de Tom est conjointe au Jupiter de Nicole, en Lion et maison XI pour tous deux, ce qui est un indice de succès social ensemble dans le cinéma. Leurs Vénus sont en Lion : entente sentimentale où chacun met l'autre en valeur.

Leurs Psyché sont conjointes en Vierge et signent un amour incluant la dimension intérieure spirituelle, la possibilité d'une transformation de soi, ensemble.

Le Mercure de Nicole est dans le même signe que le Soleil de Tom (Cancer) et le Mercure de Tom est dans le même signe que le Soleil de Nicole (Vierge) : nous trouvons là une excellente entente, une grande aisance à se comprendre et à communiquer, une forte complicité au niveau des idées et de la vision de la vie.

L'Amor de Tom conjoint au Saturne de Nicole (maison VII) est un signe de durabilité et de stabilité de l'union et montre aussi que c'est la belle australienne qui est le ciment du couple, son pilier.

La fragilité de la synastrie est émotionnelle, avec notamment la Lune noire de Tom en XII conjointe à l'ascendant de Nicole. Il y a donc risque de heurts dès qu'ils s'aventurent dans leur sensibilité.

Le couple, qui fonctionne à merveille au plan des personnalités, est amené à vivre une transformation afin de partager un amour plus profond et spirituel (les deux Psyché conjointes à Pluton, notamment). Pour cela, il leur faudra oser affronter ensemble leurs blessures et leurs faiblesses, au-delà de l'image de perfection qu'ils se renvoient mutuellement. Étant très liés l'un à l'autre, les deux acteurs possèdent également une grande force intérieure (Nicole) et une grande sensibilité (Tom) qui les rendent capables d'affronter le défi du passage de l'amour passionnel à un amour qui révèle la dimension du cœur.

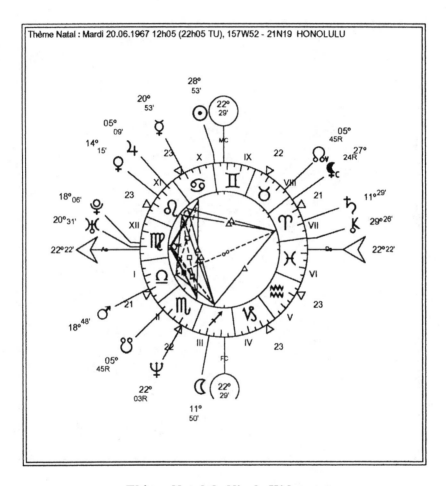

Thème Natal : Mardi 20.06.1967 12h05 (22h05 TU), 157W52 - 21N19 HONOLULU

Thème Natal de Nicole Kidman

185

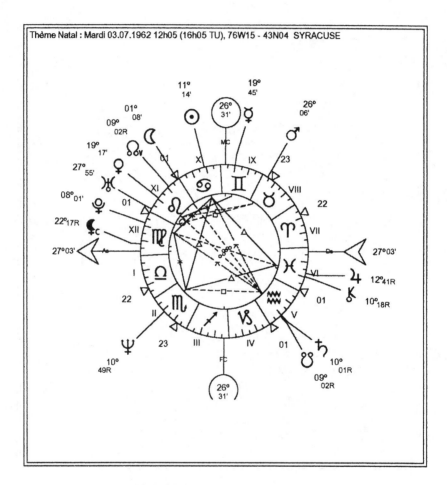

Thème Natal : Mardi 03.07.1962 12h05 (16h05 TU), 76W15 - 43N04 SYRACUSE

Thème Natal de Tom Cruise

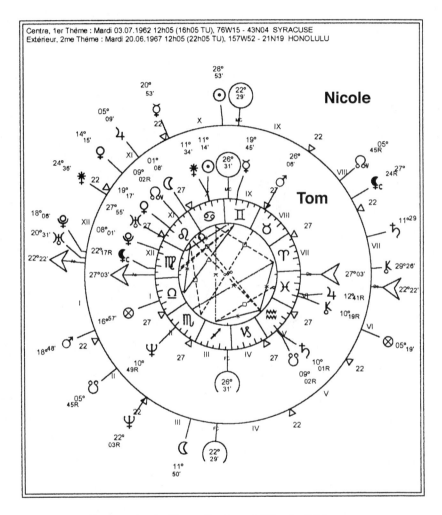

Centre, 1er Thème : Mardi 03.07.1962 12h05 (16h05 TU), 76W15 - 43N04 SYRACUSE
Extérieur, 2me Thème : Mardi 20.06.1967 12h05 (22h05 TU), 157W52 - 21N19 HONOLULU

Synastrie de Tom Cruise et Nicole Kidman

187

Chapitre 7

Le thème composite (1)
La relation créatrice

Présentation

L'union fait la force ou 1 + 1 = 3

Le mot « composite » vient du latin *compositus* qui signifie « placé ensemble ». Réaliser un thème composite, c'est construire un nouveau thème avec tous les éléments de deux thèmes appartenant à deux personnes distinctes. Le composite n'est pas le thème d'un individu mais celui d'une relation entre deux personnes (ou plus).

La carte du ciel composite révèle le but d'une relation, son dessein, les expériences que deux personnes doivent partager pour leur évolution.

Alors que la synastrie montre les deux personnes en présence face à face, le composite souligne la raison profonde de l'existence de cette relation et son devenir souhaitable. D'après notre conception holistique de l'astrologie, une relation entre deux individus est supérieure au potentiel total que ces deux individus peuvent exprimer séparément. Elle apporte un aspect trinitaire

qui demande de s'élever au-dessus de soi-même si l'on souhaite entrer vraiment en relation avec son ou sa partenaire, quel
que soit le type de relation (voir le principe de l'opposition au
chapitre 3).

D'un point de vue spirituel, le thème composite montre le
chemin que deux personnes doivent suivre afin de relever le défi
évolutif d'une relation. Il est la rencontre intérieure de ce que deux
personnes ont en commun, en négatif comme en positif. On peut
y voir le thème de l'être « psychique » créé par la réunion de deux
individualités. Tout ce que révèle le thème composite concerne au
même degré l'une comme l'autre. C'est un miroir intime pour la
relation.

Le thème composite n'enseigne pas comment trouver
ensemble un bonheur sans histoire ! Il est un levier de dépassement et de révélation de soi grâce et à travers la relation. Le thème
composite illustre le défi présent en toute relation pour faire
grandir à travers elle chaque personne en présence. Il montre
d'une part clairement le karma et le travail sur soi, que les deux
partenaires ont chacun à affronter et qu'ils se renvoient en miroir.
Il montre d'autre part les forces et le potentiel créateur de la
relation qui peuvent aider chacun à révéler ce qu'il a de meilleur, à
se transcender pour atteindre le but de la relation. En cela, le
thème composite dépasse la simple synastrie qui caractérise plutôt
l'entente des deux personnes.

Le thème composite est nécessaire à la bonne compréhension de toute relation. Il est le complément de la synastrie. On
constate que deux personnes ne disposant pas d'une synastrie très
favorable révèlent un composite riche de certaines possibilités et
expériences. Deux personnes peuvent être très différentes et
n'avoir que peu de choses en commun et pourtant une vie
commune se révélera nécessaire à leur pleine expression et à la
réalisation de leur potentiel dans un domaine particulier. C'est
pour cette raison que vous ne devez pas juger une synastrie
défavorable sans interpréter le thème composite.

Histoire du thème composite

Qui a découvert le thème composite ? Nul ne le sait et son origine reste incertaine.

Il y a une soixantaine d'années, deux astrologues allemands auraient entrepris des recherches sur le composite, mais il semblerait que cette technique soit antérieure à cette époque.

Ce sont les astrologues anglo-saxons qui ont développé cette méthode et le premier à la rendre publique fut John Townley lorsque parut son livre *The Composit Chart* (Éditeur : Samuel Weiser – York Beach, Maine 03910 – USA, en 1974).

Dans cet ouvrage, John Townley révèle que c'est l'astrologue américaine Arlene Plakun qui lui parla de cette technique pour la première fois. Elle connaissait cette méthode pour l'avoir apprise lors d'un congrès d'astrologie. Toujours d'après John Townley, des astrologues allemands comme Edith Wangemann ou même le Dr Walter Koch (l'inventeur des Tables de maisons qui portent son nom) auraient étudié le thème composite. Mais il reste une part de mystère.

La technique du thème composite que nous allons vous proposer découle de l'intérêt grandissant pour les mi-points, intérêt qui s'est accru ces trente dernières années tant en Angleterre qu'en Allemagne ou aux USA.

Une carte du ciel composite est un thème des mi-points mutuels de deux cartes du ciel natales. C'est-à-dire que l'on prend les éléments identiques des deux thèmes (les deux Soleil, les deux Lunes, les deux MC, etc.) et que l'on note les mi-points sur la carte composite (les milieux de chaque paire d'éléments).

En 1975 parut aux USA le livre le plus complet sur le thème composite : *Planets in Composite* de Robert Hand. Cet ouvrage nous a servi de base pour nos recherches et a orienté en partie nos interprétations (le reste venant de nos propres recherches).

Entrons maintenant dans le vif du sujet pour que vous appreniez à calculer puis à interpréter les composites des relations que vous souhaitez étudier. Vous n'oublierez pas que vous n'avez plus sous les yeux la carte du ciel d'un individu mais le thème d'une relation, une carte du ciel symbolique qui émane de la fusion de deux individus.

Calcul du thème composite

Calculer un thème composite n'est pas du tout difficile. Il suffit de comprendre le principe des mi-points. Un mi-point est un point situé au milieu de deux planètes, c'est-à-dire à égale distance de chacune d'elles.

Pour calculer un thème composite, vous prenez les éléments identiques des deux thèmes que vous souhaitez compositer (par exemple, les deux Soleil, les deux Lune, les deux Mercure, etc.) et vous recherchez les mi-points. Le Soleil composite est le mi-point entre les deux Soleils (celui de chaque personne). Cependant, lorsque vous cherchez le mi-point entre deux planètes, vous vous apercevez qu'il y a, en fait, deux mi-points : un mi-point rapproché et un mi-point éloigné (voir dessin ci-après). Seul le mi-point rapproché est utilisé pour le thème composite. Le fait que pour tout mi-point rapproché il existe un mi-point éloigné exactement opposé souligne l'importance d'un point de réaction, pour toute planète composite, situé exactement à l'opposé de chacune d'entre elles. Mais nous y reviendrons.

Détail du calcul
du thème composite

- Prenez les deux cartes du ciel à composer et changez les longitudes-signes des planètes et autres éléments de ces deux thèmes en longitudes zodiacales.

- Sur une carte du ciel, vous indiquez les longitudes-signes des planètes (par exemple, Soleil à 14°50' Taureau ou Lune à 23°42' Lion, etc.) alors que pour compositer les planètes, vous devez utiliser les longitudes zodiacales.

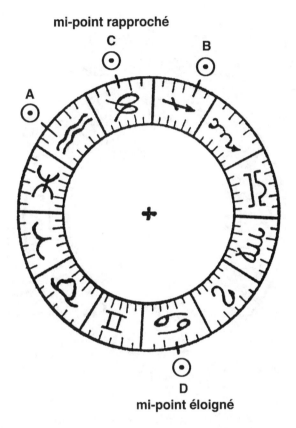

Calcul du mi-point

Pour le calcul du mi-point :

Le mi-point rapproché « C » est le point se situant au milieu des deux Soleil « A » et « B » et c'est celui que l'on utilise dans le thème composite alors que le mi-point éloigné « D » est la réaction de « C ».

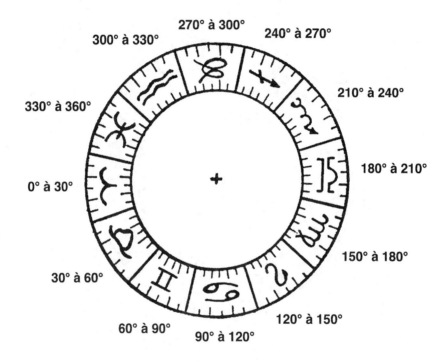

Longitudes zodiacales des signes

Longitudes zodiacales de chaque signe :

L'ordre des signes est immuable et ils s'échelonnent sur les 360° du cercle zodiacal partagé en douze.

Le zodiaque comprend 360 degrés et est partagé en douze parties égales de trente degrés chacune (les douze signes). Il débute avec le signe du Bélier et s'achève avec le signe des Poissons.

Vous devez savoir, par exemple, que le premier degré du Sagittaire correspond au 240ème degré du zodiaque ou que le premier degré du Lion est le 120ème du zodiaque.

Voici, pour les douze signes, la correspondance en degrés-zodiaque (voir également notre dessin page précédente) :

Bélier	= 0°	Balance	= 180°
Taureau	= 30°	Scorpion	= 210°
Gémeaux	= 60°	Sagittaire	= 240°
Cancer	= 90°	Capricorne	= 270°
Lion	= 120°	Verseau	= 300°
Vierge	= 150°	Poissons	= 330°

Il vous est facile maintenant de transformer vos longitudes-signes en longitudes zodiacales pour vos dix planètes (des deux thèmes) ainsi que pour le nœud nord, la Lune noire, Chiron, Junon et les autres astéroïdes. Pour cela ajoutez à vos longitudes-signes les degrés indiqués ci-dessus pour chaque signe (et correspondant à leur ordre dans le zodiaque).

Exemples

1 . Votre Soleil est à 17°28' Lion, comme le Lion débute à 120° vous ajoutez 17°28' à 120° soit 137°28'.

2 . Votre Lune est à 6°45' Verseau, comme le Verseau débute à 300° vous ajoutez 6°45' à 300° soit 306°45'.

3 . Votre Mercure est à 18°09' Cancer, comme le Cancer débute à 90° vous ajoutez 18°09' à 90° soit 108°09'.

• Prenez chaque paire de planètes des cartes du ciel (les deux Soleil, puis les deux Lune puis les deux Mercure, etc.), additionnez-les et divisez par deux pour obtenir les positions composites.

Exemples

Soleil de Nicole Kidman à 28°53 Gémeaux et *Soleil de Tom Cruise* à 11°14 Cancer, soit en longitudes zodiacales : Soleil de Nicole à 60° + 28°53' = 88°53' et Soleil de Tom à 90° + 11°14' = 101°14'.

Soleil composite = (88°53' + 101°14' = 190°07') ÷ 2 = 95°03'30'' soit 5°03'30'' Cancer.

Nota Bene : Vous pouvez « oublier » les secondes et arrondir. Ici le mi-point rapproché est bien en Cancer.

Comment déterminer à quel signe correspond 95°03' ? Il convient pour cela de se servir du zodiaque que nous vous présentons ci-après où nous avons délimité chaque signe, vous permettant ainsi de repérer la position en signe de n'importe quelle position zodiacale.

Lune de Nicole Kidman à 11°50' Sagittaire et *Lune de Tom Cruise* à 01°08' Lion, soit en longitude zodiacale 240° + 11°50' = 251°50' pour Nicole et 120° + 01°08' = 121°08' pour Tom soit :

(251°50' + 121°08' = 372°58' soit 12°58') ÷ 2 = 186°29' ce qui s'inscrit dans le signe de la Balance (voir notre zodiaque des longitudes zodiacales à la page 194) et pour trouver le degré du signe vous enlevez 180° (premier degré de la Balance) soit Lune composite à 6°29' de la Balance. La Balance est bien le signe le plus rapproché entre le Lion et le Sagittaire. Il y a aussi un mi-point éloigné à 6°29' du Bélier, que vous n'inscrivez pas sur le composite.

Entraînez-vous à cette pratique qui est simple si vous utilisez une calculatrice (à condition de prendre soin de transformer vos positions zodiacales en nombres décimaux pour les additionner et les diviser sur votre calculatrice).

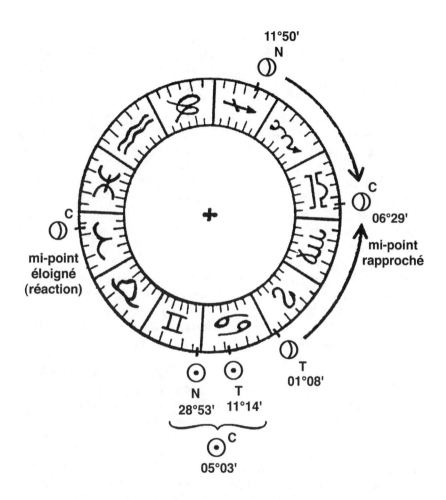

**Exemples de calcul de mi-points composites
(Tom Cruise et Nicole Kidman)**

Nota Bene : Lorsque dans vos calculs vous trouvez une longitude supérieure à 360°, comme 372°58', vous déduisez 360° – valeur d'un cercle complet – pour obtenir votre longitude zodiacale soit 12°58'.

Si vos calculs de mi-points vous donnent le mi-point éloigné, vous prenez la longitude opposée pour votre composite, qui correspond au mi-point rapproché (voir exemple sur zodiaque page précédente).

Vous trouverez dans ce chapitre le thème composite des princesses Grace et Caroline de Monaco (système de domification « Placidus ») et au chapitre 8 ceux de Leonardo Di Caprio et Kate Winslet d'une part, de Tom Cruise et Nicole Kidman d'autre part (système de domification dit de « Porphyre »). Nous vous conseillons de vous entraîner à calculer ces thèmes composites comme exercice. Surtout vérifiez, chaque fois, que vous notez bien le mi-point rapproché et non le mi-point éloigné, car l'erreur est courante !

- Pour positionner les maisons composites, vous devez commencer par calculer le mi-point rapproché des deux ascendants, ce qui vous donne l'Ascendant Composite (AC); vous en déduisez le Descendant Composite (DC) qui lui est opposé (mi-point des deux descendants).

- Puis vous calculez le mi-point rapproché des deux MC, ce qui vous donne le MC composite; vous en déduisez le FC composite qui lui est opposé (mi-point des deux FC).

Vous avez donc déterminé les deux axes (AS/DS et MC/FC) ce qui vous donne quatre quadrants. Pour obtenir les positions des maisons intermédiaires, nous vous conseillons d'utiliser le système de domification de Porphyre. Ce système date du IIIᵉ siècle (Porphyre : 234-305) et sa simplicité facilite la répartition planétaire. Il suffit de trisecter (partager en trois parties égales) chaque quadrant. Vous disposez ainsi de deux fois six maisons égales qui permettent une répartition plus aisée, plus « visuelle » des planètes composites en maisons.

Ce système de domification peu connu est très adapté au composite qui est un thème symbolique (puisqu'il ne correspond pas à un être incarné mais à une réalité psychique).

Nota Bene : Bien qu'à l'expérience le système de Porphyre nous apparaisse plus juste pour le calcul des maisons composites intermédiaires, vous pouvez aussi utiliser le système Placidus courant et calculer les mi-points rapprochés des maisons intermédiaires de chaque partenaire. Vous pourrez ainsi vous entraîner à vérifier par vous-même la précision de chacun de ces deux systèmes.

• Dessinez votre carte du ciel composite avec les maisons et inscrivez-y les planètes composites. Notez-y également le nœud nord composite et son opposé le nœud sud, Chiron composite, la Lune noire composite et Junon composite, ainsi que les autres astéroïdes relationnels composites (toujours en additionnant ceux des deux thèmes et en divisant par deux).

Nota Bene : Pour Chiron, vous trouverez ses positions approximatives mensuelles dans notre ouvrage *L'Astrologie Holistique* (Éditions De Vecchi). Pour la Lune noire, nous utilisons la position corrigée que nous trouvons à l'expérience plus juste. Astéroïdes relationnels : voir dans notre bibliographie les références d'ouvrages américains contenant des éphémérides.

• Cherchez et tracez les aspects de votre carte composite.

• Mettez vos connaissances en pratique en vous exerçant à de nombreux calculs de thèmes composites et vous verrez que ce n'est pas si difficile que cela.

POUR EN SAVOIR PLUS

Il vous est possible de localiser un composite c'est-à-dire de le calculer pour un lieu géographique spécifique. Cela peut être intéressant lorsque vous souhaitez étudier l'impact d'un lieu sur une relation : par exemple si la relation se déplace dans un lieu différent de celui où elle est vécue habituellement ou encore si vous souhaitez comparer l'impact de deux lieux différents sur une relation afin de faire un choix, etc.

Dans le calcul des maisons composites localisées, la première opération consiste à trouver le mi-point rapproché des deux MC. Pour cela, vous les additionnez et vous divisez par deux. En possession de votre MC composite, vous ouvrez votre livre de tables des maisons à la latitude qui correspond au lieu que vous voulez étudier. Pour cette latitude, vous relevez le MC correspondant à celui que vous venez de trouver (le MC composite) et sur la même ligne vous lisez les positions de l'AS et des autres maisons. Vous les notez : ce sont vos maisons. L'AS, dans ce cas, n'est pas l'AS composite mais ce que nous appelons l'AS local.

Enfin, vous calculez le véritable Ascendant Composite en additionnant les deux AS et en divisant par deux : vous noterez « AC » cet Ascendant composite sur la carte composite par une petite flèche, afin de vous rappeler le véritable ascendant pour votre interprétation. Vous regarderez alors en quelle maison locale tombe l'AC, le plus couramment en maison XI, XII, I ou II :

- **L'AC en maison XI** montre une relation tournée vers autrui et/ou vers des projets plus ou moins idéalistes.

- **L'AC en maison XII** indique une relation où la vie intérieure est capitale et qui garde un côté très secret vis-à-vis du monde extérieur. Parfois, elle désigne une relation engagée sur une voie spirituelle (parfois, liens karmiques et entente télépathique).

- **L'AC en maison I** montre une relation importante pouvant avoir un impact sur le monde extérieur.

- **L'AC en maison II** révèle une relation plus matérielle, éventuellement professionnelle, où le sens des valeurs est capital. Cette position indique, parfois, une passion sexuelle.

Nous vous proposons un exemple de calcul pour ce système de localisation afin de vous entraîner, à partir des thèmes des princesses Grace et Caroline de Monaco :

La princesse Grace a un MC à 11°12' Lion, soit 120° + 11°12' = 131°12' et la princesse Caroline a un MC à 17°39' Sagittaire, soit 240° + 17°39' = 257°39' ce qui donne un MC composite à :

(131°12' + 257°39') ÷ 2 = 194°25' ou 14°25' Balance.

Pour la latitude de Monaco (44°N) nous obtenons un AS local à 19°53' Sagittaire (calculé précisément) ce qui détermine l'emplacement des autres maisons.

Pour l'AC (Ascendant Composite), on prend les deux AS de naissance, soit 4°42' Scorpion pour Grace et 5°35' Poissons pour Caroline, soit après calcul 5°08' Capricorne. L'AC est donc situé en maison I dans le thème composite localisé.

Le thème composite de Grace et Caroline de Monaco, présenté en page suivante, n'a pas été localisé; vous pouvez vous entraîner à en monter un localisé à l'aide des calculs ci-dessus afin de voir les différences (voir thèmes natals au chapitre 5).

Planètes et maisons composites

Nous allons maintenant définir les planètes et les maisons composites qui s'interprètent d'une manière un peu différente du cas d'un thème natal. Cela vient du fait qu'avec un thème natal vous êtes face à un individu alors qu'avec une carte composite vous êtes face à une relation.

Le thème composite révèle le but commun, l'évolution commune qui est souhaitable pour une relation donnée.

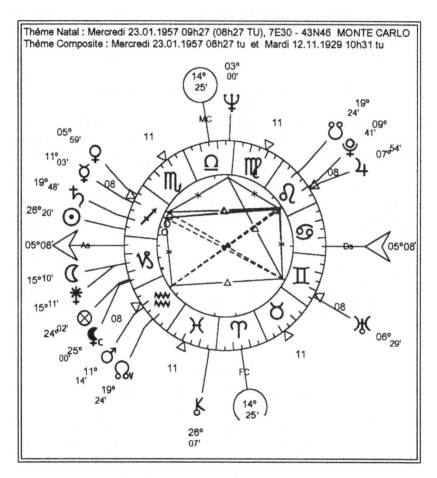

Thème Composite de Caroline et de Grace

Signification des maisons composites

Dans le thème composite, les maisons fonctionnent surtout par axe. En effet, les planètes composites sont déterminées par les mi-points rapprochés et il existe des mi-points éloignés qui font office de points de réaction. Cela signifie, par exemple, que Vénus composite en maison V composite aura une réaction sur la maison XI composite (opposée de la V).

➤ **L'axe I/VII :** c'est celui du couple en tant qu'union ou association ou mariage et il est important d'avoir des planètes sur cet axe angulaire.

➤ **L'axe II/VIII :** c'est celui de l'argent, des possessions, des valeurs communes, de la sexualité et de la sensualité. C'est également un axe important pour toute relation impliquant un lien sexuel (liaison ou mariage).

➤ **L'axe III/IX :** c'est celui de la communication et de l'évolution. Cet axe intellectuel très chargé en planètes amène un côté plus propice à l'étude ou aux débats d'idées qu'aux sentiments dans la relation.

➤ **L'axe IV/X :** c'est celui de la dualité vie privée-vie publique et il est également important d'y trouver des planètes. En règle générale, on trouve des planètes dans les maisons angulaires (I-IV–VII-X) des relations importantes.

➤ **L'axe V/XI :** c'est celui de l'affectivité, de la création, des enfants, des projets et des amis. On remarque souvent des planètes sur cet axe dans les relations durables (de même que sur l'axe II/VIII car ces deux axes sont ceux des signes fixes).

➤ **L'axe VI/XII :** c'est l'axe des limitations, du karma, des devoirs, des responsabilités et du service. Le Soleil, la Lune, Vénus ou les nœuds lunaires augmentent le côté retrouvailles karmiques pour régler ensemble de vieilles dettes. Lorsque ces maisons sont occupées, elles annoncent des difficultés et des frustrations si les individus ne vivent que pour les désirs

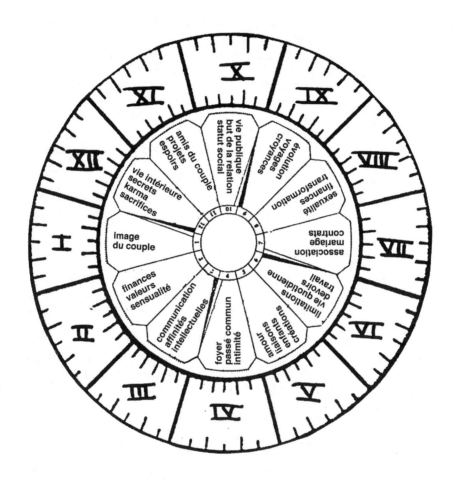

Les Maisons composites

physiques, ou la possibilité d'associer matériel et spirituel s'ils sont ouverts à la dimension intérieure.

Voyons plus en détail chaque maison composite, sans oublier la réaction chez son opposée. Vous trouverez également à la page précédente un zodiaque avec les mots clés de chaque maison composite.

➤ **Maison I :** elle montre l'identité extérieure de la relation et l'image de ce couple dans le monde. Une maison I contenant plusieurs planètes est généralement soit l'indice d'un couple célèbre ou qui cherche à briller mais assez peu solide, soit l'indice d'un couple qui cherche à développer l'individualisation de chacun. Cela indique aussi une relation ayant un puissant impact sur la vie des deux individus. La maison I représente l'image du couple mais non ce qu'il est réellement (voir maison X).

➤ **Maison II :** elle montre les finances, possessions et valeurs matérielles communes, ainsi que la valeur que les membres du couple attachent à leur relation. C'est la maison de la sensualité, des goûts, des sensations, des désirs et des sentiments. Elle manifeste aussi un fort attachement physique, affectif ou matériel entre les deux personnes. Une importante maison II souligne un même sens des valeurs, qui apporte de la solidité à la relation, et un désir de durabilité.

➤ **Maison III :** elle montre le type de communication existant au sein de la relation, les modèles de pensée, les écrits et l'échange intellectuel. Une importante maison III (contenant le Soleil, la Lune ou Vénus par exemple) souligne une excellente entente et des affinités au niveau de la pensée. Mais trop d'accentuation sur cette maison affaiblit l'échange émotionnel, ce qui peut nuire à une relation sentimentale (mais non à une relation purement intellectuelle).

➤ **Maison IV :** elle montre les racines de la relation dans un sens géographique mais aussi dans un sens émotionnel et psychique, voire karmique. La IV fait référence au passé commun et aux existences antérieures communes dans leur forme (le nœud sud montre leur essence, leur nature antérieure). La maison IV représente le foyer, l'ambiance dans laquelle vit le couple et les émotions les plus profondes et les plus intimes que les deux personnes partagent. Une importante maison IV indique deux personnes pouvant exprimer et vivre des sentiments très intimes dans un foyer.

➤ **Maison V :** elle représente l'aventure amoureuse, les liaisons, les enfants, la créativité, les loisirs et les vacances. Elle renseigne sur les capacités de s'exprimer et d'être soi-même dans le couple. Une forte maison V permet un amour naturel, simple, épanouissant. Les dons créateurs du couple sont indiqués ici. Cette maison est plus favorable à l'aventure sentimentale qu'au mariage.

➤ **Maison VI :** elle représente toutes sortes de limitations, de contraintes, de devoirs et de responsabilités ainsi que le service à autrui, la possibilité d'abnégation de soi pour l'autre. Elle montre la vie quotidienne du couple et indique les obligations pénibles ou non de la relation. Une forte maison VI favorise une relation professionnelle et défavorise une union (mariage par devoir). Lie, parfois, amour et travail ou travail et santé.

➤ **Maison VII :** en tant que maison-miroir, c'est le secteur relationnel par excellence. Elle représente l'union, l'association, le mariage et les contrats. C'est le lieu où les deux personnes ont le plus envie de partager, d'échanger et de fonctionner en une harmonie complémentaire. Une importante maison VII favorise la durabilité de toute relation. C'est la maison où les deux personnes peuvent se compléter. Une maison VII contenant le Soleil ou Vénus peut indiquer un mariage. Elle favorise toute relation de conseil. Une maison VII délicate révèle deux adversaires ou deux ennemis.

➤ **Maison VIII :** elle représente la relation sexuelle et est fortement émotionnelle. C'est la maison des capitaux et des finances (avec la II, ici en tant que résultat de la façon dont on gère son énergie), des crises, des transformations, de l'ésotérisme et des liens karmiques. Elle renseigne aussi sur l'argent venant de personnes extérieures au couple. Une forte maison VIII révèle un puissant attachement, une importante relation (souvent karmique) qui modifiera profondément la vie des deux personnes. Elle montre les liens qui vont au-delà de la mort.

➤ **Maison IX :** elle montre les aspirations du couple, son évolution, sa vie spirituelle ou ses aspirations philosophiques ou religieuses, sa communication profonde, ses croyances, ses voyages. Elle indique la vision globale du monde partagée par le couple. Une importante maison IX permet la communication à un niveau spirituel et le partage des idéaux. Cette maison montre aussi la compréhension dont font preuve les deux personnes vis-à-vis l'une de l'autre. Elle est capitale pour toute relation à tendance intellectuelle (avec la III) et/ou spirituelle.

➤ **Maison X :** elle montre les buts sociaux communs, l'éventuelle carrière commune, le statut social de la relation. Elle indique la vie publique du couple. Elle est importante pour toute relation professionnelle. Cette maison désigne le but de la relation. Elle souligne ce que les deux personnes ont à faire ensemble, ce que doit générer leur relation. Elle souligne la véritable motivation du couple. Le but de la relation est plus ou moins bien perçu selon les planètes en X.

➤ **Maison XI :** elle représente les amis et relations du couple. Elle renseigne également sur la vision du futur, les projets et les espoirs communs. Elle influence la durabilité de la relation. Elle est importante pour toute relation sentimentale car elle montre que les deux personnes entretiennent, en plus de leur lien sentimental, un lien amical. Une bonne maison XI favorise le mariage. Le couple partage beaucoup d'idéaux dans cette maison. C'est celle des causes humanitaires, de l'ouverture aux idées nouvelles, de l'altruisme, de l'astrologie (avec la IX)…

➤ **Maison XII :** elle représente la vie intérieure du couple, au sens psychique ou spirituel. Elle renseigne sur tout ce qui n'est pas exprimé, sur les pensées secrètes et sur les sacrifices. Elle révèle les dettes karmiques. Une forte maison XII est rarement favorable sauf dans une relation fortement axée sur la dimension intérieure, spirituelle ou psychique. Dans une relation marquée par la XII il y a toujours une partie de la relation qui reste cachée, pour le pire ou pour le meilleur. Elle demande beaucoup d'efforts et de lucidité pour prendre conscience de ce qu'elle renferme.

POUR EN SAVOIR PLUS

- Une forte accentuation (c'est-à-dire au moins quatre planètes quelles qu'elles soient ou au moins trois planètes comprenant le Soleil, la Lune ou Vénus) de la maison IV montre que les deux personnes ont un lien karmique et un passé commun.

- Une forte accentuation de la maison VIII souligne des retrouvailles karmiques positives ou non selon les planètes en cause.

- Une forte accentuation de l'axe VI/XII montre un karma négatif commun à purger, avec des obligations mutuelles des deux partenaires.

- Les relations sentimentales accentuent généralement les maisons I-II-V-VII-VIII-XI.

- Les relations professionnelles accentuent généralement les maisons II-VI-VII-VIII-X.

- Les relations parents/enfants accentuent généralement les maisons I-IV-V-X.

- Les relations intellectuelles privilégient l'axe III/IX.

- Les relations professeur/élève ou patron/employé ou conseiller/consultant accentuent généralement les maisons VI-VII ensemble.

- Les relations à tendance spirituelle et évolutive privilégient les maisons I-VII-VIII-IX-XI-XII.

- Les relations sportives accentuent les maisons I-V-VII-XI.

Signification
des planètes composites

Les planètes composites les plus importantes sont, dans l'ordre, le Soleil, la Lune, Vénus, Mercure et Mars. Certains astrologues négligent leurs positions en signes et les interprètent d'après leurs positions en maisons. Pourtant, nous trouvons que la position en signe du Soleil, de la Lune, de Mercure, de Vénus et de Mars révèle de quelle manière et/ou dans quel domaine les énergies de ces planètes sont exprimées dans le couple.

Les aspects sont importants mais il faut comprendre que l'opposition agit souvent comme une conjonction car, pour toute planète composite il existe un point de réaction qui lui est exactement opposé. L'opposition est un aspect beaucoup plus maniable en thème composite qu'en thème natal (sauf si elle appartient à un T-carré).

➤ **Soleil composite :** il représente l'énergie de base de la relation. C'est l'astre le plus important du thème composite car il révèle par son signe la leçon spirituelle de cette relation et par ses aspects les efforts à faire et les atouts pour la réussir. Il montre le rayonnement, la chaleur, l'énergie et l'amour, la générosité du couple. Dans le cas d'une relation homme/femme il représente l'homme dans le thème composite. Un Soleil favorable permet l'authenticité dans la relation c'est-à-dire l'expression de chaque individualité au-delà du masque de sa personnalité.

➤ **Lune composite :** elle représente le plan émotionnel de la relation. Elle révèle la qualité des émotions, de la tendresse, des sentiments échangés au sein du couple. Elle montre l'ambiance, l'intimité dans laquelle vit le couple, si les partenaires se sentent bien ensemble. Une Lune favorable permet aux deux personnes de bien se comprendre et de beaucoup partager. La Lune représente le lieu du thème où les personnalités s'entendent le mieux.

➤ **Mercure composite :** représente le type de communication existant au sein de la relation et le secteur dans lequel la pensée et les idées s'exprimeront davantage. Un Mercure fort favorise la communication et les échanges intellectuels. Un Mercure fort montre que les deux personnes sont sur la même longueur d'onde et qu'elles peuvent échanger leurs points de vue, idées et projets dans un partage enrichissant pour chacun.

➤ **Vénus composite :** elle représente l'amour, l'affection, la sensualité et les goûts communs. Elle est capitale pour toute relation sentimentale. La maison de Vénus est le lieu où les deux personnes expriment le mieux l'amour ou l'affection qu'ils ressentent l'un pour l'autre. Vénus désigne aussi le lieu où le couple recherche le plus un équilibre, un échange, l'harmonie et le partage des expériences de chacun. C'est également le lieu du plus grand attrait esthétique.

➤ **Mars composite :** il représente la manière d'agir du couple. Il montre les désirs et les pulsions (sexuelles ou autres) de cette relation. Dans une relation sexuelle, Mars indique comment cette sexualité s'exprime. Le lieu de Mars désigne où la volonté et le désir vont s'orienter. Dans une relation sexuelle, Vénus et Mars doivent se révéler favorables. Un Mars conflictuel crée beaucoup de tensions et de conflits dans le couple et s'avère défavorable à la durabilité de la relation. Il faut se donner des buts concrets dans le secteur de Mars, à réaliser ensemble.

➤ **Jupiter composite :** il représente une possibilité d'épanouissement, de croissance et de bien-être dans la maison qu'il occupe. Le lieu de Jupiter désigne, généralement, le secteur de vie le plus favorable à l'expansion de conscience, à l'évolution du couple. C'est un lieu où il existe une certaine part de « chance ». Un Jupiter défavorable annonce des excès au lieu concerné.

➤ **Saturne composite :** il représente habituellement des limitations, devoirs, obligations ou responsabilités ressentis comme pénibles par le couple. C'est un lieu qui demande de la réflexion, une remise en question et du détachement pour comprendre la leçon évolutive et karmique que Saturne sous-

210

entend. Le lieu de Saturne est celui qui se montre le plus rigide et le plus sujet aux retards, à la peur et à toute forme de discipline. Mais c'est sans doute le secteur qui a le plus à apprendre au couple et qui peut l'aider à faire durer leur relation. Un Saturne conflictuel apporte, parfois, des difficultés insurmontables si les deux partenaires ne cherchent pas à s'améliorer à travers la relation. Spirituellement, c'est un facteur de responsabilité et de maturité vis-à-vis de tout ce qui arrive au couple afin d'en tirer des leçons pour évoluer.

➤ **Uranus composite :** il représente le besoin d'indépendance et de liberté qui existe en chacun. C'est un secteur très original, soumis aux surprises et aux changements brusques. Le lieu d'Uranus est rempli d'une énergie qu'il faut manier avec prudence et surtout ne pas figer : Uranus demande un esprit très ouvert à la nouveauté. C'est un lieu où le couple doit se donner des libertés. Avec Uranus, chacun doit ressentir la possibilité de s'individualiser par rapport à l'autre. C'est également un lieu propice aux idées nouvelles, à l'inspiration.

➤ **Neptune composite :** il représente tout ce qui est le plus difficile à cerner et à définir dans une relation. Le lieu de Neptune est un secteur qui peut être sujet aux déceptions, aux illusions, aux tromperies, aux mensonges et à toutes sortes d'erreurs. Neptune représente aussi l'idéal intérieur, la spiritualité, le mysticisme et l'amour spirituel. Il est l'aspect romantique, idéal ou idéalisé de l'amour. Neptune régit aussi les ressentis intérieurs et la musique. Le lieu de Neptune montre ce que le couple idéalise ou un secteur propice à la spiritualité et la vie intérieure. Étudiez soigneusement l'impact de Neptune.

➤ **Pluton composite :** il représente une puissante énergie de transformation agissant au plus profond de chaque être et ayant une répercussion événementielle. Le lieu de Pluton indique des possibilités de changements en profondeur, un secteur où l'on doit se remettre en question et accepter les transformations nécessaires. Le secteur de Pluton demande un lâcher-prise par rapport au passé et l'ouverture au changement radical. Pluton rend toute émotion plus intense, plus mystérieuse et plus dramatique. Il peut rendre une relation destructrice, voire perverse. Le lieu de Pluton révèle un secteur où les deux personnes entrent en conflit de puissance. C'est un lieu de crises et d'angoisses mais aussi le secteur où la plus grande transformation est possible.

➤ **Chiron composite :** il représente un lieu où les deux personnes ont un important « bagage » commun (karma commun). C'est un secteur de vie où les deux personnes peuvent beaucoup partager et s'entraider, ainsi qu'un lieu libérateur pour toute tension dans le couple. Chiron indique le secteur du thème qui semble le plus solide, même dans les conflits les plus délicats car il apporte de la sagesse et de l'inspiration pour trouver des solutions. Dans ce lieu, le couple agit différemment de la norme, il crée sa propre manière de se comporter et/ou de régler les problèmes (individualisation). C'est une maison où chacun influence l'autre dans le couple. Chiron souligne toujours le secteur du thème où le couple a le plus besoin de croître et d'évoluer à travers l'expérimentation de nouvelles méthodes. On peut y trouver l'appui d'un ami.

➤ **Lune noire composite :** elle représente un problème commun à résoudre, un lieu apportant une certaine forme de souffrance émotionnelle. Elle symbolise une remise en question nécessaire de son égoïsme dans le secteur où elle se trouve. Elle peut générer beaucoup d'inconscience dans le lieu du thème qu'elle occupe. Elle est source de crises, de changements, de sacrifices et de dépassement de soi si les deux individus sont ouverts au travail sur soi.

➤ **Junon composite :** elle représente le mariage, la légalité, et tout ce qui doit être structuré. Elle indique un lieu du thème où le couple doit concrétiser et structurer des possibilités communes (mariage, association, contrat, partages divers). Elle apporte la fidélité et la durabilité de toute relation. Elle a tendance à réprimer le besoin de liberté et d'indépendance du secteur où elle se situe. Elle peut provoquer des jalousies. Elle aime mettre en valeur le lieu où elle se situe.

➤ **Sappho composite :** indique le charisme/magnétisme du couple vis-à-vis de l'extérieur ainsi que l'attirance sexuelle entre les deux partenaires (si le type de relation s'y prête). Mis en valeur, indique une relation basée sur l'attirance physique.

➤ **Éros composite :** indique ce qui passionne le couple ainsi que le climat sensuel, l'attirance émotionnelle, entre les deux partenaires. Peut être facteur d'illusion en tant que projection d'un désir qui part aussi vite qu'il est venu. Mis en valeur, indique une relation passionnelle qui excède rarement trois ans si elle ne se transforme pas.

➤ **Amor composite :** lieu où les deux partenaires sont très complémentaires, où le partage est intense et profond et où ils peuvent s'épanouir ensemble. Lien d'amour sincère. Mis en valeur, indice de relation épanouissante et durable.

➤ **Psyché composite :** indique la possibilité de se transformer par amour, au sein de cette relation. Sacrifice et amour spirituel. Mis en valeur, indice de retrouvailles ayant pour but l'évolution spirituelle.

Les astéroïdes relationnels présentés ci-dessus seront significatifs s'ils sont mis en valeur dans le composite par leur conjonction à une planète, un symbole (nœuds lunaires, Lune noire, Chiron, etc.) ou une cuspide de maison angulaire (orbe de 3° maximum).

➤ **Nœud nord composite :** il représente un but spirituel commun à atteindre. Dans un angle du thème et/ou conjoint à une planète importante il montre des rencontres très bénéfiques à l'évolution (retrouvailles karmiques positives). Il est favorable à tout ce qui peut être exprimé à deux dans le but d'une croissance intérieure des personnes en présence.

➤ **Nœud sud composite :** il marque le passé karmique de la relation c'est-à-dire le type d'énergie et d'expérience relationnelle que ces deux individus ont expérimenté ensemble dans une ou des vies passées. Dans ce secteur, il y a une transformation à faire afin de passer d'un niveau égoïste à un niveau plus spirituel (marqué par le nœud nord).

➤ **Part de fortune composite :** elle représente un bonheur matériel commun qui est recherché par le couple. Elle permet un épanouissement matériel dans le secteur où elle se situe. C'est un lieu où un certain bonheur peut être atteint par le couple.

POUR EN SAVOIR PLUS

- Un Soleil (ou une Lune) inaspecté est très défavorable à toute forme de relation.

- Le Soleil, la Lune ou Vénus recevant plusieurs aspects stressants (surtout carrés) constitue un indice de discordes et de conflits pour toute relation.

- La Lune ou le Soleil en maison VIII souligne une relation capitale qui va changer la vie des deux personnes (souvent, c'est un indice de rencontre karmique).

- Saturne en maison XII est assez délicat car il désigne des sentiments réprimés, des frustrations et une forte tension dans le couple. Il devient positif si les deux personnes partagent un vécu spirituel commun.

- Les aspects à Chiron montrent ce qui doit changer, se transformer dans la relation et ce qui peut aider le plus chacun des deux individus à évoluer grâce à cette relation.

- Pour illustrer votre étude (mais en aucun cas s'y substituer) nous trouvons intéressant de consulter *Les symboles Sabians* (voir bibliographie). Ces symboles mis au point par Marc Edmund Jones avec l'aide d'une clairvoyante, et développés par Dane Rudyar, sont très justes et très évocateurs pour tout point significatif d'un thème (positions des planètes ou de l'ascendant, notamment).

- Qui est qui ? Dans un composite, le Soleil et la Lune représentent les deux personnes en présence et il est très intéressant de les déterminer. En effet, le signe et les aspects de la planète qui désignent chaque partenaire donneront une image de la façon dont il vit la relation et de son apport spécifique.

En dehors de la relation de couple, le Soleil ne représente pas l'homme dans tous les cas mais plutôt la personne yang, active, et la Lune, la personne yin, réceptive. Voici, pour différents types de relations, les correspondances :

Soleil	Lune
homme	femme
père	enfant (fils ou fille)
enfant	mère (fils ou fille)
sœur ou frère dominant	sœur ou frère passif
ami dominant	ami passif
professeur	élève
médecin	patient
celui qui « donne »	celui qui « reçoit »

Chapitre 8

Le thème composite (2)
Interprétations

Interprétation
des planètes en maisons composites

Avant d'interpréter le thème composite de deux personnes, vous devez étudier la synastrie selon les méthodes indiquées dans les chapitres 5 et 6 de cet ouvrage. Vous déterminez alors le type de relation auquel vous avez affaire et son potentiel relationnel. Vous pouvez ensuite calculer le composite de cette relation pour l'interpréter selon le processus suivant :

1 . Examinez les maisons composites pour voir si l'une d'elles est accentuée (contenant quatre planètes au moins ou éventuellement trois si, parmi elles, se trouvent le Soleil, la Lune ou Vénus). La maison accentuée révèle le type de relation (amoureuse, amicale, professionnelle, etc.). Elle souligne principalement le secteur de vie dans lequel la relation va s'exprimer.

2 . Étudiez la répartition des planètes en éléments afin de déterminer celui qui domine (accordez plus d'importance aux planètes personnelles); ceci vous donne une indication sur la manière dont la relation va s'épanouir (sur le plan mental ou social en signes d'Air; sur le plan émotionnel ou sentimental en signes d'Eau; sur le plan matériel ou physique en signes de Terre; sur le plan spirituel ou créateur en signes de Feu).

3. Étudiez les signes et les maisons des luminaires (Soleil et Lune). Le signe du Soleil colore l'expression de soi de la relation, certainement en rapport avec les quatre plans (Air, Eau, Terre et Feu, comme ci-dessus). Le signe de la Lune colore le climat émotionnel et l'ambiance de la relation également en rapport avec les quatre plans. Ensuite, voyez dans quelles maisons se situent le Soleil et la Lune qui montrent les principaux secteurs de vie de la relation.

4. Relevez les principales maisons occupées. Les maisons I-V-VII-XI sont les plus favorables pour une relation amoureuse. Les maisons III et IX sont les principales pour une relation intellectuelle. Les maisons II-VI-X sont celles des relations professionnelles. Les maisons III-V-VII-XI sont celles des relations amicales. Les maisons I-IV-V-X sont celles des relations familiales. Les maisons IV et VIII signalent les retrouvailles karmiques. Les maisons VI et XII sont les plus défavorables à toute sorte de relation (sauf celles à tendance thérapeutique, spirituelle ou de service).

5. Étudiez les aspects du Soleil et de la Lune. Les positions des luminaires en maisons décrivent les moyens d'expression et les principaux événements de la relation alors que leurs aspects montrent comment ils seront vécus.

Si le Soleil et/ou la Lune sont inaspectés cela nuit à la relation et peut la rendre difficile à vivre. Il est déconseillé d'entamer une relation lorsque le Soleil ou la Lune sont sans aspect. Le Soleil ou la Lune correspondant aux deux partenaires en relation, si l'un ou l'autre est inaspecté, il indiquera un partenaire qui a du mal à prendre sa place vis-à-vis de l'autre ou bien qui a un comportement extrémiste (tantôt trop impliqué, tantôt absent).

En règle générale, pour maîtriser une planète inaspectée, il faut regarder les aspects du maître de son signe. Si elle est conjointe à un symbole du thème composite (nœud, asté-roïde, Lune noire, etc.) celui-ci peut préciser ce qu'il y a à maîtriser au niveau de la planète inaspectée pour qu'elle joue son rôle dans la relation.

6 . Étudiez les positions en maisons et les aspects de Vénus et de Mars. Ces deux planètes sont capitales pour toute relation sexuelle mais également pour toute autre relation car elles expriment chacune le complément de l'autre (elles maîtrisent l'axe relationnel par excellence Bélier-Balance). Elles soulignent la capacité de partager et de trouver un équilibre. Dans une relation sexuelle, les aspects de conjonction, d'opposition, de sextil ou de trigone Vénus/Mars ou Soleil/Vénus ou encore Lune/Vénus sont très favorables à une bonne entente.

7 . Accordez une grande importance aux planètes formant aspects et se trouvant dans des maisons angulaires (I-IV-VII-X). Les sextils ou trigones favorisent l'accomplissement de la relation alors que les carrés et les oppositions demandent des transformations et signalent un karma auquel est confronté le couple. Il est à noter que les carrés impliquant des planètes en V ou en XI demandent un gros travail pour passer de l'égoïsme affectif où on ne fait que prendre à davantage de générosité du cœur.

8 . Regardez le modèle et les configurations[1] qui apportent d'autres éléments importants à l'interprétation et déterminez l'impact des planètes dominantes (focus) ainsi que des planètes restantes avec leurs aspects.

9 . Voyez les autres éléments du thème : Chiron, Lune noire, nœuds lunaires, Junon, les autres astéroïdes relationnels et la part de fortune.

10 . Étudiez tout particulièrement Saturne en maisons et ses aspects. Saturne révèle une leçon importante que doit comprendre le couple s'il veut que la relation soit durable. L'épanouissement d'une relation dépend souvent de la maîtrise des énergies saturniennes dans le secteur de vie où elles se situent.

---

1. Pour l'étude des modèles et des configurations, voir ouvrages du même auteur parus aux Éditions De Vecchi : *L'Astrologie holistique* et *Pratique de la nouvelle astrologie* (aussi paru sous le titre *Transformez votre vie par l'astrologie*).

➤ **LE SOLEIL** ☉

- **Maison I :** montre une relation importante. Ce couple a un fort impact sur autrui. Grande expression de soi. Favorable à toute sorte de relation.

- **Maison II :** importance du sens des valeurs (accord sur ce qui est important dans la vie pour ce couple). Relation où le plan matériel est capital. Forte sensualité. Recherche la sécurité matérielle.

- **Maison III :** apporte une excellente communication dans le couple et des affinités intellectuelles. Favorise l'expression de soi par les écrits et/ou par la parole. Études et/ou évolution commune.

- **Maison IV :** montre des racines communes (familiales ou karmiques). Chaleur au foyer. Expression aisée chez soi, dans l'intimité. Bien-être familial.

- **Maison V :** favorise l'expression des sentiments. Liaison. Amour des enfants. Favorable à toute création, aux loisirs, aux vacances, aux plaisirs et aux spéculations. Aspect jeu au sein du couple.

- **Maison VI :** montre les limitations, les devoirs et obligations quotidiennes. L'expression de soi semble limitée sauf dans le cadre d'une relation professionnelle.

- **Maison VII :** favorise les relations amoureuses. Possibilité d'union ou d'association. Facilite les contacts avec l'extérieur. Importance des contrats.

- **Maison VIII :** montre une relation karmique. Favorise l'expression de la sexualité. Parfois, relation financière. Attrait pour les mystères, l'ésotérisme ou la mort.

- **Maison IX :** favorise toute évolution intellectuelle et/ou spirituelle ainsi que les voyages. Importance d'un idéal ou d'une croyance.

- **Maison X :** importance de la vie publique et/ou d'une carrière commune. Le couple a un but qui motive complètement cette relation.

- **Maison XI :** importance des amitiés. Beaucoup de projets et d'espoirs communs. Apporte la durabilité de la relation. Attrait pour les causes fraternelles ou liées au futur de l'humanité.

- **Maison XII :** position délicate qui ne permet guère une bonne expression de soi. Dette karmique, épreuves, secrets et limitations diverses. Favorable seulement pour une évolution spirituelle commune.

➤ **LA LUNE ☽**

- **Maison I :** ce couple peut avoir une vie publique et être populaire. Renforce le côté émotionnel et sensible de cette relation.

- **Maison II :** montre un grand besoin de sécurité matérielle. Goûts communs et expression sensuelle forment l'essentiel de cette relation.

- **Maison III :** associe le côté émotionnel au côté intellectuel, ce qui conduit à une riche communication et la possibilité de se comprendre facilement.

- **Maison IV :** souligne un passé commun dans cette vie ou dans une existence précédente. Grande intimité au foyer. Importance de la famille et des ambiances.

- **Maison V :** fécondité (enfants et/ou création artistique). Donne de l'instabilité aux relations amoureuses. Favorise les loisirs et les plaisirs.

- **Maison VI :** grande émotivité dans la vie quotidienne. Instabilité et limitations au foyer et/ou au travail (dans le cadre d'une relation professionnelle). Restreint la tendresse.

- **Maison VII :** attrait d'autrui, de l'entourage ou du public pour ce couple. Favorise l'union, l'association ou les contrats. Importance des émotions.

- **Maison VIII :** favorise les relations sexuelles et/ou matérielles. Retrouvailles karmiques (reconstitution d'un foyer antérieur). Importante transformation psychique. Attrait pour l'ésotérisme et pour l'inconnu.

- **Maison IX :** grands voyages. Impact des croyances, des rêves, des idéaux et de la spiritualité sur le couple. Le plan intellectuel prime sur la tendresse.

- **Maison X :** importance d'une carrière publique. Le couple peut être connu. But social capital pour cette relation.

- **Maison XI :** favorise les amitiés et les relations, bien qu'il y ait une certaine instabilité. Projets publics. Parfois, espoirs chimériques. Couple novateur.

- **Maison XII :** position très délicate où chaque membre du couple dissimule et/ou réprime ses émotions et sentiments. Défavorable à toute forme de relation sauf celles à but d'évolution spirituelle.

➤ MERCURE ☿

- **Maison I :** importance de la communication dans le couple et affinités intellectuelles. Favorable pour partager des idées, des concepts ou des études.

- **Maison II :** l'argent, le système des valeurs, la sécurité, la stabilité et la sensualité représentent les principaux sujets de communication dans le couple. Favorable à une relation professionnelle et à une communication forte, d'une valeur capitale pour la relation.

- **Maison III :** position favorisant l'entente intellectuelle. Permet d'échanger des idées, d'étudier en commun, d'avoir les mêmes goûts intellectuels. Écrits communs ou importante correspondance. Beaucoup de mouvements.

- **Maison IV :** le foyer peut être un lieu de débat, de rencontres et d'échange d'idées. Les deux partenaires discutent beaucoup dans l'intimité de leur foyer. Formations intellectuelles communes. Écrits au foyer.

- **Maison V :** couple aimant varier les loisirs et les plaisirs. Montre un couple créateur et/ou très orienté vers l'expression intellectuelle. Parfois, amour platonique.

- **Maison VI :** apporte beaucoup de discussions et de débats dans la vie quotidienne ou dans le travail (dans le cas d'une relation professionnelle). Parfois, travail intellectuel commun.

- **Maison VII :** favorise les relations intellectuelles avec les personnes extérieures au couple. Permet la signature des contrats. Montre un couple qui s'exprime beaucoup.

- **Maison VIII :** débats concernant les finances, l'ésotérisme, la mort ou la réincarnation. Curiosité dans le domaine sexuel.

- **Maison IX :** favorise les échanges intellectuels et/ou spirituels. Curiosité concernant les croyances, la spiritualité, la philosophie ou l'ésotérisme. Voyages importants. Favorable aux études communes.

- **Maison X :** Importance de la communication dans ce couple. Le but de cette relation peut être lié à une expression écrite ou parlée.

- **Maison XI :** favorise les amitiés intellectuelles avec des gens jeunes (ou jeunes d'esprit). Projets dans le domaine de la communication. Intérêt pour l'informatique ou tout autre moyen de transmission satellite.

- **Maison XII :** restreint la communication. Difficultés de compréhension au sein du couple. Secrets entre les partenaires.

➤ VÉNUS ♀

- **Maison I :** accentue la séduction du couple sur autrui. Relation sentimentale et/ou artistique. Ce couple présente une image harmonieuse à autrui.

- **Maison II :** grande sensualité. Donne de l'importance aux goûts communs. Besoin de sécurité matérielle. Union durable.

- **Maison III :** associe la communication et les sentiments. Ce couple partage une très bonne entente intellectuelle et celle-ci se colore de sentiments amoureux. Création commune.

- **Maison IV :** ce couple exprime ses sentiments dans l'intimité, dans son foyer. Couple très sentimental. Origine artistique.

- **Maison V :** favorise les liaisons, les aventures, les loisirs, les plaisirs, la sensualité et la créativité artistique. Amour des enfants. Favorable aux relations amicales.

- **Maison VI :** restreint l'expression des sentiments ou les confine à un travail. Les sentiments sont instables. Recherche d'un équilibre dans la vie quotidienne.

- **Maison VII :** excellente entente sentimentale. Favorable à l'union, au mariage, à l'association et aux contrats. Impact du couple sur autrui. Besoin de partager.

- **Maison VIII :** grande attirance sexuelle. Souvent, retrouvailles karmiques. Importance des finances. Attrait pour les mystères, pour l'ésotérisme et la mort.

- **Maison IX :** attrait pour les voyages au cours desquels les sentiments s'expriment plus librement. Associe sentiments et croyances ou évolution spirituelle, sentiments et besoin d'aventures.

- **Maison X :** le but de cette relation peut être l'union et l'envie de trouver un équilibre ensemble, l'envie de tout partager. Importance de la vie publique.

- **Maison XI :** favorise les amitiés. Projets et espoirs sentimentaux. Altruisme. Associe sentiment et amitié. Lien profond et durable. Les membres de ce couple sont sur la même longueur d'onde.

- **Maison XII :** position délicate, car les sentiments sont frustrés et refoulés. Ce couple n'exprime pas ce qu'il ressent. Secrets, adultères, etc. Favorable, parfois, à une expression artistique (par exemple, la musique).

➤ **MARS ♂**

- **Maison I :** parfois relation sexuelle. Montre généralement un couple ayant de puissantes motivations. Les aspects de Mars détermineront s'il agira dans le sens d'une action positive ou dans le sens d'un conflit.

- **Maison II :** couple dont la motivation est orientée vers le gain et la sécurité matérielle. Association professionnelle. Forte sensualité, liaison. Parfois, conflit sur le sens des valeurs.

- **Maison III :** la communication est très dynamisée et permet l'échange d'idées, de concepts et des prises de décisions faciles. Stimulation mentale. Parfois, agressivité verbale. Tendance aux joutes oratoires.

- **Maison IV :** position défavorable car elle amène des heurts au foyer. Compétition au foyer (trop forte stimulation, énergie mal canalisée). Parfois, relation sexuelle.

- **Maison V :** favorise les liaisons, les aventures sexuelles. Créativité dynamique. Heurts avec ou au sujet des enfants. Goût des plaisirs, des loisirs, du sport, etc.

- **Maison VI :** relation professionnelle très motivante. Grande activité quotidienne avec des heurts. Limite, parfois, les moyens d'action ou les soumet à une discipline.

- **Maison VII :** grande attirance entre le couple et l'extérieur. Indique, parfois, une relation sportive – ou plus généralement compétitive – entre amis et/ou adversaires. Besoin de conquêtes. Agressivité.

- **Maison VIII :** grande stimulation sexuelle. Ce couple dispose d'une grande énergie et de possibilités de transformation. Goût de la conquête, voire du pouvoir.

- **Maison IX :** l'action se tourne vers les voyages ou vers les croyances et la spiritualité. Risques de heurts au sujet des croyances ou des idéaux.

- **Maison X :** le but de cette relation représente une conquête, un défi, une affirmation de soi. Motivation pour des actions liées à la vie sociale.

- **Maison XI :** Grande activité déployée pour se faire des amis ou pour réaliser des projets ou atteindre des idéaux. Parfois goût pour la compétition au sein d'amitiés ou de relations (domaine du sport par exemple).

- **Maison XII :** position délicate où l'agressivité est refoulée jusqu'au jour où elle explose. Couple trop passif où personne ne prend les décisions.

➤ JUPITER ♃

- **Maison I :** position favorable pour l'épanouissement, la croissance de la relation. Couple optimiste et positif. Chance mais aussi tendance aux excès.

- **Maison II :** position favorable aux finances, à la réussite matérielle. Souvent, dépenses exagérées. Grande sensualité.

- **Maison III :** grande croissance intellectuelle commune. Évolution mentale et spirituelle par la communication écrite ou parlée. Excellente entente.

- **Maison IV :** épanouissement au foyer. Appui de la famille. Sentiment de plénitude et ambiance intime au sein de ce couple.

- **Maison V :** favorable aux enfants (satisfactions par eux). Croissance par la créativité. Épanouissement, et parfois excès, par les loisirs et les plaisirs. Chance en amour.

- **Maison VI :** croissance limitée ou réservée à la vie quotidienne ou au travail. Tendance aux excès pouvant entraîner des maladies. Parfois, réussite matérielle.

- **Maison VII :** facilite la création d'une union. Croissance par le mariage ou par une association. Chance dans les relations avec les personnes extérieures au couple. Contrats avantageux.

- **Maison VIII :** favorable aux finances, aux prêts, aux crédits et à l'expression de la sexualité. Croissance par l'étude de l'ésotérisme.

- **Maison IX :** favorise une évolution spirituelle commune. Études ésotériques et/ou spirituelles et voyages communs. Favorise l'épanouissement de toute relation ainsi que l'expansion de conscience.

- **Maison X :** le but de cette relation est l'épanouisse-ment dans une vie sociale brillante. Grand besoin de réussite, de s'exprimer; mais attention aux excès d'influence sur autrui !

- **Maison XI :** aide les projets à aboutir et les espoirs à se concrétiser. Favorise les amitiés. Croissance par l'intermédiaire d'autrui.

- **Maison XII :** vie intérieure riche. Croissance spiri-tuelle, mais tendance aux excès, aux exagérations et au dogmatisme.

➤ SATURNE ♄

- **Maison I :** relation assez rigide, assez peu épanouis-sante pour la personnalité mais évolutive, où les deux personnes ont des leçons à comprendre ensemble. Souvent, relation durable.

- **Maison II :** restriction financière. Leçon à comprendre sur le sens des valeurs. Ce couple doit apprendre à se détacher du matériel. Il doit prendre ses responsabilités au sujet des finances.

- **Maison III :** restreint la communication courante et y substitue un échange plus profond ou plus structuré de la pensée. Excellent pour une relation professeur/élève.

- **Maison IV :** difficile pour une union car le foyer sera ressenti comme un lieu rigide, frustrant, d'inhibition, etc. Apporte la confrontation à un karma liant les deux individus entre eux.

- **Maison V :** ce couple doit apprendre à se détacher de tout ce qui est loisirs et plaisirs et s'orienter vers la manifestation de ses possibilités créatrices. Restrictif sur le plan sentimental.

- **Maison VI :** favorable à une relation professionnelle. La vie quotidienne est ressentie comme limitative ou comme un champ d'expérience où l'on a des leçons à apprendre.

- **Maison VII :** cette relation a beaucoup à apprendre de ses rencontres avec d'autres personnes. Leçon à assimiler sur le mariage ou sur l'association ou sur le partage et l'équilibre dans une relation, ainsi que sur l'aspect miroir.

- **Maison VIII :** ce couple doit apprendre à se détacher des finances et de la sexualité. Enseignement ésotérique. Souvent, lien karmique.

- **Maison IX :** ce couple doit cultiver la sagesse et le détachement. Leçon sur les croyances, les idéaux, les voyages et la spiritualité.

- **Maison X :** restreint la vie sociale ou procure au couple l'envie de prendre des responsabilités dans une carrière.

- **Maison XI :** apporte des leçons dans le domaine amical. Retards dans les projets. Le couple doit être plus réaliste dans ses plans pour le futur.

- **Maison XII :** refoule des sentiments et des émotions qui minent le couple. Leçon à comprendre sur la vie intérieure et la spiritualité.

➤ URANUS ♅

- **Maison I :** souligne une relation originale placée sous le signe de la liberté et de l'indépendance.

- **Maison II :** le domaine financier est traité d'une manière originale et indépendante par ce couple. Puissante sensualité.

- **Maison III :** grande liberté de pensée. Communication très originale sur des sujets d'avant-garde ou ésotériques.

- **Maison IV :** position difficile dans le cas d'une union. Risque d'explosion de la relation. Tension au foyer.

- **Maison V :** favorise les aventures amoureuses romanesques et originales. Dons créateurs peu communs. Tension dans les liens avec les enfants. Favorise les amitiés.

- **Maison VI :** grande tension dans la vie quotidienne. Énergie sous pression. Instabilité sauf dans le cadre d'un travail en rapport avec Uranus (inventivité, techniques modernes de communication, cinéma, etc.).

- **Maison VII :** position peu favorable à l'union alors qu'elle est propice aux amitiés. Couple original et indépendant.

- **Maison VIII :** puissant magnétisme sexuel. Grand potentiel de transformation. Crises. Surprises dans le domaine financier.

- **Maison IX :** voyages fréquents et/ou surprenants. Idéaux et croyances originaux. Tolérance dans les croyances.

- **Maison X :** recherche d'une vie sociale importante. Le but de la relation est d'apprendre la liberté et l'indépendance.

- **Maison XI :** favorise les amitiés, les projets et les espoirs. Intérêt pour les causes altruistes ou les technologies du futur.

- **Maison XII :** ce couple est électrique : les éclairs peuvent fuser à tout moment et l'orage décharger toutes les tensions refoulées. À manier avec une grande prudence.

➤ NEPTUNE ♆

- **Maison I :** favorable uniquement pour les couples vivant une sincère démarche spirituelle avec recherche d'une ouverture du cœur, sinon risques d'erreurs et d'illusions.

- **Maison II :** apporte des pertes financières, des déceptions, des illusions matérielles de toutes sortes.

- **Maison III :** difficulté à se comprendre, chacun restant flou dans sa communication. Expression artistique ou spirituelle.

- **Maison IV :** peu favorable à toute forme de relation, sauf pour une quête spirituelle.

- **Maison V :** amour romantique et spirituel dans lequel entre une part de fascination. Compassion. Dons créateurs.

- **Maison VI :** illusions et déceptions dans la vie quotidienne. Idéalisation vécue au sein d'une relation professionnelle.

- **Maison VII :** l'union, le mariage, une association où les contrats se montrent décevants, trompeurs, illusoires.

- **Maison VIII :** puissant magnétisme, fascination mutuelle. Recherches dans le domaine ésotérique ou spirituel. Pertes financières.

- **Maison IX :** favorise une évolution spirituelle commune. Attrait pour l'ésotérisme et pour les voyages en forme de quête. Compréhension mutuelle profonde, philosophique.

- **Maison X :** le but de cette relation semble flou à ce couple. Risque de déception et d'illusion. Quête spirituelle.

- **Maison XI :** indique des rêves ou projets illusoires. Risque de tromperie amicale. Favorise uniquement les actes désintéressés.

- **Maison XII :** apporte une compréhension profonde, pleine de sensibilité, quasi télépathique. Favorise une quête spirituelle ou artistique.

➤ PLUTON ♇

- **Maison I :** relation qui se remet sans cesse en question. Rapports de force. Couple mystérieux et dramatique.

- **Maison II :** risque de crises financières. Rivalité de puissance entre les deux personnes. Transformation radicale du sens des valeurs.

- **Maison III :** transformation évolutive au niveau de la pensée et de la communication. Débats d'idées provoquant des remises en question profondes.

- **Maison IV :** tend à fragiliser toute relation. Grande tension au foyer ou dans l'intimité. Retrouvailles karmiques très fortes.

- **Maison V :** liaison sexuelle et retrouvailles karmiques avec un amant ou avec un enfant. Dons créateurs.

- **Maison VI :** remise en question de la vie quotidienne ainsi que des devoirs et des responsabilités. Crises dans le travail pour une relation professionnelle.

- **Maison VII :** union passionnelle. Couple magnétique et dramatique. Transformations liées à des contrats ou des rapports avec autrui.

- **Maison VIII :** attirance sexuelle et puissant magnétisme. Grande transformation de chacun grâce à la relation, goût pour les mystères.

- **Maison IX :** heurts sur le plan philosophique et religieux. Transformation des croyances et des idéaux. Voyages initiatiques ou dramatiques.

- **Maison X :** conflit de puissance. Le pouvoir est le but de cette relation. Transformation radicale, et parfois dramatique, de chacun à travers cette relation.

- **Maison XI :** les projets et les espoirs doivent être remis en question. Amitiés et appuis secrets. Crises dans les relations amicales.

- **Maison XII :** dette karmique. Relation difficile où un puissant potentiel dramatique est latent. Transformation intérieure.

Ces interprétations, nullement limitatives, se colorent, pour chaque planète composite, des aspects conciliateurs ou dynamiques (mais stressants) qu'elle reçoit.

Interprétation des aspects du composite

Dans une carte du ciel composite les aspects les plus significatifs sont les conjonctions car elles ont tendance à accentuer les maisons qu'elles occupent. Les aspects à noter en premier sont ceux du Soleil et de la Lune, puis ceux de Mercure, de Vénus et de Mars. L'opposition agit plutôt positivement si elle n'est pas reliée à un ou plusieurs carrés. Cela est dû au point de réaction de chaque planète composite. L'aspect de carré est le plus stressant et demande impérativement un effort, une remise en question. Il est rare qu'une relation soit durable lorsque vous trouvez un maximum de carrés (c'est-à-dire lorsque le nombre des carrés excède celui des sextils et des trigones réunis). Les aspects de sextil et de trigone contribuent à l'harmonie de la relation.

Les aspects du Soleil ☉

CONJONCTIONS

➤ **Soleil/Lune :** excellente expression de soi où les deux partenaires se comprennent et ressentent les même choses. L'une des meilleures conjonctions avec toutefois le risque de trop se perdre l'un dans l'autre.

➤ **Soleil/Mercure :** excellente entente intellectuelle, communication riche, stimulation mentale.

➤ **Soleil/Vénus :** excellente conjonction sentimentale, indice de retrouvailles d'âmes sœurs. Énergie créatrice harmonieuse.

➤ **Soleil/Mars :** puissante stimulation physique, dynamisme. Parfois, heurts et excès.

➤ **Soleil/Jupiter :** épanouissement, chaleur, générosité, sagesse.

➤ **Soleil/Saturne :** relation karmique avec des leçons à apprendre. Favorise une évolution spirituelle. Durabilité.

➤ **Soleil/Uranus :** relation hyper-stimulante. Puissant magnétisme. Tension et originalité.

➤ **Soleil/Neptune :** favorise l'évolution spirituelle. Sinon, attention aux illusions et à l'idéalisation.

➤ **Soleil/Pluton :** relation karmique qui transforme la vie de ce couple. Aspect extrémiste et dramatique.

Les sextils et les quinconces représentent des facilités et du karma positif entre les deux partenaires. Interprétez les sextils et les trigones du Soleil dans un sens très positif, toujours par rapport aux conjonctions, en gardant à l'esprit que le sextil ajoute une facilité de communication et des opportunités alors que le trigone apporte des facultés créatrices et des possibilités d'évolution spirituelle accrues. Les sextils et les trigones sont plus passifs que les conjonctions.

Les oppositions et les carrés représentent du karma négatif et des difficultés mais sont des opportunités évolutives par les remises en question qu'ils suscitent. Ce sont ces aspects qui renforcent intérieurement les individus et qui sont le moteur, le dynamisme d'un thème. Ils ne deviennent toutefois créateurs que si il y a une réelle volonté d'amélioration de soi qui pousse à les comprendre et à évoluer, sinon ils apportent conflits et difficultés.

En composite, cependant, interprétez les oppositions du Soleil dans le sens positif des conjonctions ci-dessus; tenez compte du fait que chaque planète en opposition représente l'un des partenaires (principe de l'opposition, aspect « miroir », partage relationnel par excellence). L'opposition implique toujours de faire l'effort de ramener à soi ce que l'on observe chez l'autre en bien ou en mal afin de se connaître. Si les oppositions sont reliées à des carrés, elles montreront un karma relationnel qui doit être compris et transformé par les efforts mutuels des deux partenaires.

Interprétez les **carrés du Soleil** dans un sens karmique et évolutif de la façon suivante :

> ➤ **Le carré du Soleil avec la Lune** demande de transformer l'expression des émotions et des sentiments.

> ➤ **Le carré Soleil/Mercure** n'est pas possible dans un composite mais vous pourrez le trouver dans un multi-composite (entre plusieurs personnes : voir en fin de ce chapitre). Il nuit alors à une franche communication et au partage intellectuel. Il demande à chacun de clarifier sa pensée et de faire l'effort d'échanger ses idées avec autrui.

> ➤ **Le carré du Soleil à Vénus** n'est également possible que dans un multi-composite. Il apporte alors des difficultés dans l'expression sincère des sentiments, ce qui nuit à l'harmonie du groupe. Il demande davantage d'écoute, de respect d'autrui et d'ouverture du cœur pour que la relation devienne partage.

> **Le carré du Soleil à Mars** demande de travailler sur l'individualisation et la créativité afin que chacun se sente libre de ses actes et autonome au sein de la relation.

> **Le carré du Soleil à Jupiter** demande davantage d'ouverture d'esprit et l'élévation de la pensée ainsi que l'ouverture à de plus larges horizons (philosophiques, spirituels ou géographiques selon les centres d'intérêt).

> **Le carré du Soleil à Saturne** demande davantage de responsabilité par rapport au karma entre les deux partenaires et demande de tirer des leçons des événements. Il apporte des épreuves et des limitations dans ce but.

> **Les carrés du Soleil à Uranus, Neptune, Pluton** demandent d'introduire dans cette relation une conscience et une remise en question de nature spirituelle.

Pour les oppositions comme pour les carrés, regardez le mode des signes dans lesquels ils se font (cardinal, fixe ou mutable)[2]; ils vous précisent ainsi le type de **karma relationnel** auquel vous avez affaire :

- **karma d'impulsivité** (ou d'agressivité) pour le mode cardinal (relié à la planète Mars et à l'action inconsciente). Dans un composite, ils signent des conflits et de l'agressivité exprimée ou refoulée.

- **karma d'attachement** possessif pour le mode fixe (relié à la planète Vénus et au sentiment égoïste). Dans un composite, ils signent une peur d'abandon et la dépendance affective.

---

2. Voir aussi *L'astrologie Holistique*, chapitre 9 sur l'astrologie et le karma, du même auteur, Éditions De Vecchi.

- **karma d'ignorance** pour le mode mutable (relié à la planète Mercure et à la pensée matérialiste). Dans un thème composite, ils signent des difficultés pour communiquer ou se comprendre.

Enfin les quinconces sont des aspects importants en astrologie holistique car ils désignent quelque chose d'inconscient qui doit remonter en surface afin d'être compris; c'est donc un aspect évolutif qui demande souvent une purification émotionnelle et un travail pour identifier une croyance négative (jugement, critique, par rapport à soi-même ou à autrui, nuisible dans toute relation). Ne les négligez pas et parlez franchement du problème qu'il représente avec votre partenaire !

Les aspects de la Lune ☽

CONJONCTIONS

➤ **Lune/Mercure :** favorise la communication et les relations intellectuelles. Retrouvailles karmiques frères/sœurs.

➤ **Lune/Vénus :** favorise l'entente émotionnelle et sentimentale. Favorise aussi l'expression artistique.

➤ **Lune/Mars :** très attractif sexuellement mais aussi délicat (impulsivité, heurts). Associe l'imagination à l'action.

➤ **Lune/Jupiter :** épanouissant émotionnellement et sentimentalement. Favorise la création et l'évolution spirituelle.

➤ **Lune/Saturne :** frustrant au plan émotionnel sur lequel des leçons restent à apprendre. Relation karmique familiale.

➤ **Lune/Uranus :** favorise une compréhension intuitive. Puissant magnétisme attractif. Instabilité.

➤ **Lune/Neptune :** sentiments romantiques et/ou compatissants. Favorise la spiritualité et l'ésotérisme. Illusions, idéalisations.

➤ **Lune/Pluton :** relation karmique. Instabilité. Émotions intenses à tendances dramatiques.

Interprétez les autres aspects de la Lune en vous reportant à la méthode donnée plus haut pour le Soleil.

Les aspects de Mercure ☿

CONJONCTIONS

➤ **Mercure/Vénus :** retrouvailles karmiques d'un frère et d'une sœur. Associe la pensée et le sentiment. Excellente entente et bonne compréhension.

➤ **Mercure/Mars :** parfois retrouvailles karmiques entre deux frères. Stimule la communication. Favorise les relations intellectuelles.

➤ **Mercure/Jupiter :** favorise la communication, les études et l'ouverture de la conscience à des valeurs morales, philosophiques ou spirituelles. Relation professeur/élève.

➤ **Mercure/Saturne :** peut restreindre la communication ou la rendre très critique. Favorise cependant la structure de la pensée et la profondeur de la communication.

➤ **Mercure/Uranus :** puissante stimulation intellectuelle. Échange d'idées originales. Compréhension intuitive.

➤ **Mercure/Neptune :** associe communication et perception psychique. Favorise les recherches spirituelles ou ésotériques. Apporte parfois des illusions et des déceptions.

➤ **Mercure/Pluton :** lien profond par la pensée, par la communication. Remises en question par des échanges intenses d'idées, de projets, de créations. Aspect très critique et extrémiste.

Interprétez les autres aspects de Mercure comme indiqué pour ceux du Soleil et de la Lune.

Les aspects de Vénus ♀

CONJONCTIONS

➤ **Vénus/Mars :** relation sexuelle intense pour les liaisons amoureuses. Facilite l'échange, le partage, l'équilibre.

➤ **Vénus/Jupiter :** épanouissant sentimentalement. Favorise la création artistique.

➤ **Vénus/Saturne :** frustrant sentimentalement. Parfois, retrouvailles karmiques. Durabilité de la relation.

➤ **Vénus/Uranus :** parfois, « coup de foudre ». Intense échange magnétique et sensuel. Plus favorable aux relations amicales que sentimentales. Lien peu durable.

➤ **Vénus/Neptune :** puissant lien amoureux et psychique. Retrouvailles d'âmes sœurs. Parfois, amour trop idéalisé.

➤ **Vénus/Pluton :** passion sentimentale et sexuelle intense, voire destructrice. Retrouvailles karmiques délicates. Relation extrémiste, voire dramatique.

Interprétez les autres aspects comme indiqué pour ceux du Soleil.

Les aspects de Mars ♂

CONJONCTIONS

➤ **Mars/Jupiter :** apporte du dynamisme et de l'optimisme. Tendance aux excès. Très stimulant et encourageant.

➤ **Mars/Saturne :** associe l'action à la réflexion. Favorise les relations professionnelles. Refroidit le désir.

➤ **Mars/Uranus :** très intense et très magnétique. Favorable aux relations sexuelles. Tension et instabilité.

➤ **Mars/Neptune :** puissante attraction. Défavorable car il conduit aux illusions. Risque d'erreurs.

➤ **Mars/Pluton :** passion intense mais autodestructrice. Possessivité et conflit de puissance. Explosif.

Interprétez les autres aspects comme indiqué pour ceux du Soleil.

Les aspects de Jupiter ♃

CONJONCTIONS

➤ **Jupiter/Saturne :** favorable pour toute relation car associe l'optimisme à la réflexion ou l'inspiration à la concrétisation.

➤ **Jupiter/Uranus :** très dynamique, pousse à s'exprimer et à aller de l'avant. Attention aux excès.

➤ **Jupiter/Neptune :** favorise une évolution spirituelle ou une quête ésotérique. Défavorable au plan matériel.

➤ **Jupiter/Pluton :** pousse à l'exagération, à l'insatis-faction permanente et à l'autoritarisme. Assez peu favorable (sauf pour l'ésotérisme).

Interprétez les autres aspects comme indiqué pour ceux du Soleil.

Les aspects de Saturne ♄

CONJONCTIONS

➤ **Saturne/Uranus :** associe l'inventivité à la mise en pratique ou l'idée créatrice à la réalisation. Enseigne-ment.

➤ **Saturne/Neptune :** favorise une quête spirituelle associant maîtrise de soi et mysticisme.

➤ **Saturne/Pluton :** favorise les relations profession-nelles. Source de prises de conscience évolutives. Relation karmique. Parfois, abus de pouvoir.

Interprétez les autres aspects comme indiqué pour ceux du Soleil.

Les aspects Uranus ♅

CONJONCTIONS

➤ **Uranus/Neptune :** agissant si cheminement spiri-tuel. Associe pensée et cœur, ouverture d'esprit et compassion.

➤ **Uranus/Pluton :** aspect rebelle et révolutionnaire, véritable bombe atomique pour le lieu qu'il occupe. Très transformateur surtout si ouverture spirituelle.

Interprétez les autres aspects comme indiqué pour ceux du Soleil.

241

Les aspects de Neptune ♆

CONJONCTIONS

➤ **Neptune/Pluton :** agissant si cheminement spirituel. Favorise l'ouverture à d'autres réalités que la réalité matérielle. Pousse chacun à se transcender pour révéler les qualités de son être intérieur.

Interprétez les autres aspects comme indiqué pour ceux du Soleil.

Autres sortes de thèmes composites

LE MULTI-COMPOSITE

Vous pouvez réaliser des multi-composites. Il s'agit de compositer tous les thèmes d'une famille ou de plusieurs amis engagés dans un même type d'activité ou tous les membres d'un bureau, d'une association, etc.

Pour obtenir les maisons composites, par exemple l'ascendant composite, additionnez tous les ascendants des thèmes natals de ces personnes et divisez par le nombre de personnes. Faites de même avec les MC pour trouver le MC composite et tracer vos quadrants, que vous triséquez ensuite pour situer toutes les autres maisons.

Pour obtenir les planètes composites, par exemple le Soleil composite, additionnez tous les Soleils et divisez par le nombre de personnes. Procédez de la même façon pour toutes les planètes et les symboles significatifs que vous voulez étudier.

Le multi-composite vous donnera une idée sur le but de cette multi-relation et sur ses possibilités d'expression.

AUTRES POSSIBILITÉS DE COMPOSITE

Si vous avez des thèmes de première rencontre, vous pouvez compositer ces thèmes avec le vôtre, pour savoir quel impact ces rencontres ont eu sur vous, et compositer ces thèmes avec les personnes respectivement concernées, pour savoir quel impact ces rencontres ont eu sur celles-ci.

Vous pouvez compositer votre thème avec celui du pays où vous habitez (et, dans certains cas, avec le thème de la ville où vous habitez, lorsqu'il est connu). Vous déterminez ainsi comment vous pouvez vous exprimer dans tel ou tel pays. Cela se révèle très intéressant en cas d'émigration, pour les voyages importants, pour les hommes d'affaire traitant avec des pays étrangers (surtout si l'on associe cette technique à celles de la relocalisation et de la géographie astrale).

En astrologie mondiale, on peut réaliser le composite de deux pays et/ou de deux dirigeants de gouvernement.

Pour tout événement important vous concernant, vous pouvez calculer un thème et ensuite le compositer avec votre thème natal pour déterminer l'impact de cet événement sur vous et votre vie.

Vous pouvez également réaliser des thèmes composites progressés. Pour cela, vous calculez le thème progressé pour les deux personnes concernées pour la date choisie puis, face à deux thèmes progressés, vous les compositez selon la méthode habituelle. Cela vous aidera à définir l'état d'une relation à une époque donnée.

Vous pouvez également calculer une révolution solaire composite pour obtenir des prévisions annuelles. Pour cela, vous calculez une révolution solaire[3] pour la position du Soleil composite de la relation. Cela vous montrera les secteurs de vie les plus importants pour la relation et les événements types qui se

---

3. Voir à propos des révolutions solaires l'ouvrage du même auteur *Votre cycle solaire* aux Éditions De Vecchi (aussi paru en collection poche sous le titre *Réussir vos prévisions annuelles par l'astrologie)*.

dérouleront dans l'année à venir. Cette technique est très intéressante pour toute relation importante, suivie et évolutive.

LE POINT COMPOSITE

Nous voulons enfin vous présenter le point composite suggéré par l'astrologue américain Michaël Jordan. Pour le déterminer, vous additionnez les positions de vos dix planètes natales et vous divisez par dix. Vous pouvez également le chercher dans un thème composite en additionnant les positions des dix planètes composites et en divisant par dix.

Ce point sensible réagit aux transits et aux progressions comme toutes les planètes composites. En synastrie, le point composite se superpose souvent au Soleil, à la Lune et à Vénus dans les cas de rencontres d'âmes sœurs.

Dans le composite, ce point sensible souligne un secteur où une grande quantité d'énergie sera mise au service d'un but commun. Le signe du point composite révèle le type de relation auquel vous avez affaire. Généralement, sa position en Lion ou en Balance est favorable aux bonnes relations alors que sa position en Vierge ou en Scorpion semble plus délicate. Le point composite se situe presque toujours dans l'un de ces quatre signes précités.

Nous espérons vous avoir encouragé à utiliser le thème composite comme technique relationnelle et nous ne pouvons que conclure ainsi : essayez-le !

EXEMPLE 1 : Thème composite de Kate Winslet et Leonardo Di Caprio

Après avoir étudié les thèmes de chacun et leur synastrie (chapitre 2), nous ne sommes pas étonnés de trouver dans le composite des deux héros du film *Titanic* une forte prédominance des signes de la Balance (stellium avec la Lune, Vénus, Pluton, Mercure) et du Scorpion (ascendant et Soleil-Uranus). Kate est figurée par la Lune et personnifie le charme vénusien qui bouleverse et marque profondément (conjonction à Pluton); Leonardo est cet être irradiant de Lumière que montre le Soleil conjoint

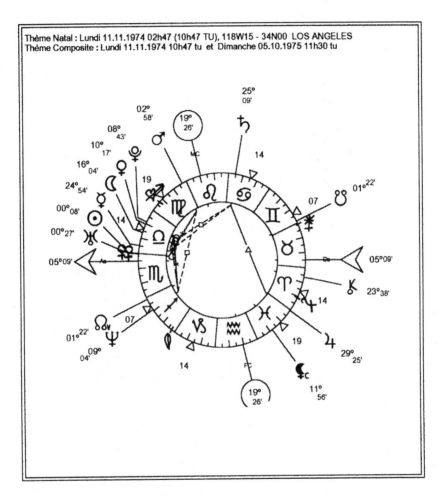

Thème Natal : Lundi 11.11.1974 02h47 (10h47 TU), 118W15 - 34N00 LOS ANGELES
Thème Composite : Lundi 11.11.1974 10h47 tu et Dimanche 05.10.1975 11h30 tu

**Thème composite
de Leonardo Di Caprio et Kate Winslet**

245

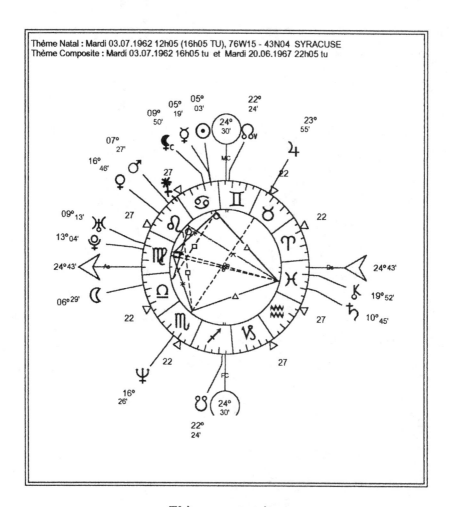

Thème Natal : Mardi 03.07.1962 12h05 (16h05 TU), 76W15 - 43N04 SYRACUSE
Thème Composite : Mardi 03.07.1962 16h05 tu et Mardi 20.06.1967 22h05 tu

**Thème composite
de Tom Cruise et Nicole Kidman**

Uranus, au charisme extraordinaire que souligne Sappho conjoint, tout ceci dans le signe passionné et magnétique du Scorpion. Soleil comme Lune sont en maison XII, ce qui souligne l'aspect idéalisé et mythique de leur relation immortalisée par leur grand amour cinématographique (Uranus, planète du cinéma). C'est une projection illusoire du couple idéal. L'ascendant Scorpion renforce l'impact magnétique du couple sur autrui. L'importance de la maison XII souligne l'aspect irréel, idéalisé de leur relation actuelle; la connexion de la XII et de la I (Soleil et Uranus semblent attacher la maison I à la XII !) suggère une relation de la dernière vie qui se perpétue dans celle-ci.

La majorité des planètes sont dans le dernier quadrant ce qui signifie que l'objet de leur relation est de s'entraider afin d'obtenir un grand impact sur la vie sociale et de s'y révéler. Nous avons vu à travers leur thème respectif que Kate et Leonardo ont tous deux une très grande quête d'identité, le besoin de prendre conscience d'eux-mêmes, de mieux se définir en dehors des influences de leur milieu, ce qui se retrouve ici avec le carré Lune-Mercure/Saturne (la relation de leurs personnages de Rose et Jack était basée sur cette problématique). Ils comptent sur le miroir relationnel (et celui du grand écran), lié au signe de la Balance, pour se connaître (et se faire reconnaître). Ceci les rend très dépendants du regard d'autrui et de l'image qu'ils donnent d'eux-mêmes. Ici, le côté Balance ne joue pas pour former un couple, mais une association afin de se faire reconnaître, aimer par l'extérieur. Le MC en Lion indique que le but de leur rencontre est la créativité et le fait d'être mis en valeur, reconnu. Saturne en Cancer trigone à Jupiter maison V Poissons est l'indice, puisque ce sont des planètes sociales, d'une grande expansion et de la reconnaissance de leur créativité ainsi que de leur forte impression sur la conscience collective (trigone en eau).

Le nœud sud en VII et Gémeaux conjoint Junon semble montrer qu'ils ont déjà connu une association, un partenariat ou une relation fraternelle dans une vie passée, qui les a aidés à très bien s'entendre dans cette vie-ci. Nous ne pensons pas qu'ils aient déjà formé un couple, ce peut être pour la vie suivante d'après leur synastrie.

Il est amusant de constater que leur Lune noire composite est en Poissons (la mer) carrée à Neptune, son maître (le naufrage du *Titanic*).

Le nœud nord en Sagittaire conjoint Neptune maison II rappelle qu'ils sont tous deux porteurs d'un haut idéal et qu'ils ont une quête spirituelle inconsciente. Mars carré Neptune, cependant, montre le risque d'actes allant à l'encontre de leur idéal, les amenant à ne pas assumer les conséquences de leur rêve réalisé et de réagir par la fuite (carré mutable). L'absence d'opposition, vu l'importance du signe de la Balance, tend à rendre difficile à ces jeunes acteurs la compréhension du miroir que leurs personnages leur renvoient d'eux-mêmes; le risque est qu'ils se laissent uniquement séduire par les apparences de l'adoration dont ils sont devenus les objets et ne se relient pas aux belles qualités de leurs personnages comme aux défis qu'ils sont amenés à relever pour atteindre leur idéal.

Leur succès se retournera-t-il contre eux ou sauront-ils le retourner en force intérieure ? Telle est la question ouverte, posée par l'ascendant Scorpion; la réponse dépendra de leur capacité à tirer les leçons du formidable miroir que leur ont offert les héros déjà les plus populaires du cinéma du XXe siècle : la capacité de se transcender pour un haut idéal et de dépasser, par amour, l'attachement à soi-même.

EXEMPLE 2 : Thème composite de Nicole Kidman et Tom Cruise

Nous retrouvons bien sûr la configuration « cerf-volant » déjà présente chez chacun des deux acteurs, ici en signes d'eau : sensibilité, dons créateurs, forte imagination…

Le Soleil exactement conjoint à Mercure en Cancer souligne la complicité fraternelle et l'excellente entente intellectuelle déjà constatée dans la synastrie. On a le sentiment d'avoir affaire à des individus très connectés l'un à l'autre (Mars conjoint Vénus le confirme ainsi que Saturne trigone Soleil pour l'aspect « retrouvailles karmiques »). La Lune noire proche de Soleil/Mercure apporte cependant une faille émotionnelle et une possibilité de se blesser l'un l'autre dans leur sensibilité. Il semblerait que ce couple redoute de fonder une famille (résurgence de la blessure d'enfance ? ou d'un karma commun dans le cadre d'une même famille dans une autre vie – nœud sud conjoint IV ?). On peut voir là une raison profonde et inconsciente de l'adoption de leurs enfants. Bien qu'ils mettent un point d'honneur à paraître des parents modèles, ils semblent redouter les liens d'attachement familiaux.

D'ailleurs le signe de la Vierge à l'ascendant (ainsi que dans leurs thèmes respectifs) est témoin de leur souci de perfection en tous domaines et, plus profondément, de celui de toujours s'améliorer. Leur esprit critique est fortement développé et leurs choix longuement mûris, ce qui sert merveilleusement leur carrière comme leur relation.

Leur recherche d'une perfection morale passe par la scientologie pour l'instant (ce qui sert à coup sûr également leur carrière)...

Tom, caractérisé dans le composite par le Soleil conjoint Mercure au MC, semble s'occuper principalement de l'aspect social et de la communication avec le monde extérieur. Le signe du Cancer, et la conjonction de la Lune noire, rappellent qu'il est le plus sensible et le plus fragile émotionnellement des deux mais aussi qu'il se cache derrière une carapace.

Nicole est reflétée par la Lune à l'ascendant; le signe de la Balance rappelle ici sa grande beauté et son charme. À l'ascendant, l'actrice australienne semble s'occuper principalement de donner une identité à leur couple.

Le Soleil est carré à la Lune en signes cardinaux, ce qui indique qu'il peut y avoir des conflits entre eux, mais aussi que ceux-ci les stimulent et les dynamisent (ce sont deux « battants »).

La conjonction Vénus/Mars en Lion souligne l'intensité de leur vie amoureuse et sensuelle et une excellente entente affective comme sexuelle.

Vénus carré Neptune présente un fort facteur d'idéalisation mais demande aussi de passer d'un amour égoïste à un niveau plus profond, plus spirituel, afin de ne pas se lasser l'un de l'autre. Cet aspect montre toutefois, si cette transcendance n'est pas effectuée, un risque de trahison ou d'abandon… Ce couple prolonge l'état paradisiaque et la lune de miel le plus longtemps possible, ayant peur inconsciemment des remous de leur sensibilité (Lune noire Cancer, Soleil carré Mars), sensibilité à fleur de peau qu'ils déversent dans le cinéma.

Le nœud sud en Sagittaire et son maître en IX peut également suggérer qu'ils ont suivi ensemble une voie évolutive dans le passé et qu'ils souhaitent s'entraider aujourd'hui à travers la quête d'un idéal spirituel commun.

La maison X en Gémeaux avec Mercure montre que le but de cette relation est lié à la communication et à l'expression de leur sensibilité (ce qui se retrouve dans leur créativité artistique).

En général, il semble que cette relation, pour évoluer, doive dépasser le cadre de la passion et celui du cinéma. Il faudra voir si cette relation sait se transformer au-delà du succès et du charisme que leur accord parfait sur le plan de la personnalité leur donne.

BIBLIOGRAPHIE

Astrologie relationnelle

DAVISON, Ronald : *Rencontres astrales,*
Espace Bleu.

HAND, Robert : *Planets in Composit,*
Whitford Press, USA.

NEVILLE, E.W. : *Planets in Synastry,*
Whitford Press, USA.

SCHULMAN, Martin : *Karmic Relationship,*
Samuel Weiser, USA.

TEXIER, Jean : *Le secret des bonnes ententes astrales,*
Éditions du Rocher.

LASSALLE, Pierre : *Transformer votre vie par l'Astrologie*
(ou *Pratique de la Nouvelle Astrologie),*
Éditions De Vecchi.

LASSALLE, Pierre : *Pratique de la nouvelle astrologie,* dans
l'ancienne édition,
Éditions De Vecchi.

LASSALLE, Pierre : *L'Astrologie Holistique,*
Éditions De Vecchi.

LASSALLE, Pierre : *Réussir vos prévisions annuelles par*
l'Astrologie, aussi intitulé *Votre Cycle Solaire,*
Éditions De Vecchi.

LASSALLE, Pierre : *Astrologie, pratique de l'astrologie*
holistique,
Éditions De Vecchi.

LASSALLE, Pierre : *La Numérologie Holistique,*
Éditions De Vecchi.

Astéroïdes (dont éphémérides) et symboles

GEORGE, Demetra : *Asteroïd Goddesses,*
ACS Publications, USA.

LEHMAN, J.Lee : *The Ultimate Asteroïd Book,*
Whitford Press, USA.

RUDHYAR, Dane : *Symboles Sabian,*
Édition Librairie de Médicis.

Amour

EVDOKIMOV, Paul : *Le Sacrement de l'Amour,*
Desclée de Brouwer.

SOLOVIEV, Vladimir : *Le Sens de l'Amour,*
O.E.I.L.,1985.

STEINER, Rudolf : *Le Sens de l'Amour,*
Triades, Paris.

Pour tout renseignement concernant les activités de Pierre LASSALLE (conférences, livres, cassettes ou CDs de méditation, articles dans *Terra Lucida**), vous pouvez écrire à l'adresse suivante en joignant un timbre (ou un coupon-réponse international) à :

Marie-Pascale RÉMY-Gayasol
Boîte Postale 6041
78100 SAINT-GERMAIN-EN-LAYE
(FRANCE)

Ou pour tout renseignement concernant l'enseignement d'Astrologie Holistique :

- France : Brigitte MAFFRAY (adresser votre courrier à M. P. REMY, adresse ci-dessus, qui fera suivre.)

- Québec : Monique OUELLETT ou Gilbert CHOUINARD, 486 av. Royale, BEAUPORT (P.Q.), G1E 1Y1 (CANADA)

Adresse Internet : www.terralucida.com

DEMANDE DE RENSEIGNEMENTS

- Conférences .... [   ]
- Livres de Pierre Lassalle .... [   ]
- Cassettes et CDs de Méditation .... [   ]
- Numéro Gratuit de *Terra Lucida* .... [   ]

*   *Terra Lucida* st un petit journal traitant de la spiritualité christique d'aujourd'hui. Il est écrit par Pierre Lassalle, Marie-Pascale Rémy et leurs amis. Un numéro gratuit vous sera envoyé sur simple demande.

Nom : ....

Prénom : ....

Adresse :...

....

Code postal : ....

Ville : ....

Pays : .... Téléphone : ....